孙子如果是一位教育家，他会怎么做？

教育，最终目标是他成人的时候能够把最好的东西传承到下一代。

当孙子遇上家长

[马来]汤添顺　编著
THONG THIAM SOON

中国·武汉

图书在版编目(CIP)数据

当孙子遇上家长/(马来)汤添顺编著.—武汉:华中科技大学出版社,2023.11
　ISBN 978-7-5772-0204-4

　Ⅰ.①当… Ⅱ.①汤… Ⅲ.①亲子教育-家庭教育 Ⅳ.①G781

中国国家版本馆CIP数据核字(2023)第215436号

当孙子遇上家长　　　　　　　　　　　　　　[马来]汤添顺　编著
Dang Sunzi Yushang Jiazhang　　　　　　　THONG THIAM SOON

策划编辑:	段园园　孙　念
责任编辑:	孙　念
封面设计:	林秋枚
责任校对:	张会军
责任监印:	朱　玢

出版发行:华中科技大学出版社(中国·武汉)　　电话:(027)81321913
　　　　　武汉市东湖新技术开发区华工科技园　邮编:430223
录　　排:孙雅丽
印　　刷:广州清粤彩印有限公司
开　　本:787mm×1092mm　1/32
印　　张:4.5
字　　数:58千字
版　　次:2023年11月第1版第1次印刷
定　　价:38.00元

　　　　本书若有印装质量问题,请向出版社营销中心调换
　　　　全国免费服务热线:400-16679-118　竭诚为您服务
　　　　版权所有　侵权必究

序言一

《孙子兵法》传说是春秋末年吴国将军孙武所著,是世界上最早的军事理论著作,蕴含着中国古代最伟大的军事战略思想,被誉为世界第一兵书,孙武也被誉为兵家之祖。它被译成日、法、英、俄、德等二十七种文字,在全球已刊印数千种版本,在世界上影响广泛。《孙子兵法》中的战术背后隐含深刻的谋略与智慧,其宏观视角和前瞻性见解使其拥有了跨越时间和不同领域的魅力,甚多政治家、军事家、企业家和文化艺术家都将其奉为圭臬。但汤老师把《孙子兵法》系统地应用到教育上,并颇有建树。

二千五百多年前,孔子开创中国教育之先河,创建私学,为后来的学校教育的产生奠定了基础。自此,历朝历代在此基础上逐渐发展完善了学校教育。作为学校教育的辅助，家庭教育，比如家学、家风和家教等，一直依靠家族进行传承，其核心是建设家族式文化体系，延续精神的传承，《钱氏家训》《朱子治家格言》《曾国藩家训》等家训家书就是这种璀璨文化的代表。在这种文化的熏陶下，家庭教育助力培养了一代代为国家和社会谋福祉的杰出人才。由此可见，家庭教育对于孩子的健康成长，有着无可取代的重要作用。

在世界处于百年未有之大变局的背景下，中国家长应该坚守什么样的价值观？应该怎样建立和完善家庭教育体系？如何从多变的社会环境中，洞察孩子正常的成长需求？采用何种教育方式真正有益于孩子的成长？如何帮助孩子建立自己的价值观系统，进而逐步完善，成就让其一生受益的性格？

《当孙子遇上家长》就是这样一本书，将《孙子兵法》中的战略、战术思维，与现代教育学两相结合，既让我们找到文化的根，又更新理论、工具和方法，使之成为家庭教育的纲领。

《当孙子遇上家长》以孙子的口吻，告诉家长如何运用《孙子兵法》的谋略思想教育孩子。全篇以《孙子兵法》原文十三篇为纲目，映射教育中的概念、原理和法则，逐步展开教育的战略规划和战术执行。在教育中，我们如何认识道、天、地、将、法，本书开篇就对此做了精彩阐述，并强调"道"的坚守对教育的重要性。"兵贵胜，不贵久"这一原则，启发家长在与孩子发生观点上的冲突时要"速胜"，并在观点的冲突中保持"全胜"。"全胜"并不是让家长对孩子保持全胜纪录，而是要家长在冲突中顾全孩子、顾全自己、顾全身边的人，让所有人都不受伤害。因此，我们要做到"先为不可胜"。为了达到教育的高效率，"示形""造势"，结合"虚实""正奇"，方法和策略才能有效。孩子的思想从幼稚到成熟，是一个非常复杂的变化过程，书中归纳为"六地"，当家长引导处于"六地"的孩子时，可能遭遇"九变"，也就是多种不同的反应状态。当家长遇到价值观问题，绝对不能让步时，要善于"用间"，整合能影响孩子的资源,让孩子健康成长。

汤老师语言平实,但哲理深刻。他以近三十年的经验为指导,结合《孙子兵法》的智慧,非常系统地介绍《孙子兵法》与家庭教育之间的关系。仔细读来,如同自己是一员"将",对"智、信、仁、勇、严"有了深刻的理解,在家庭教育中,兵法应用得当,将会造福家庭。

这是一本以中国文化为根的现代家庭教育指导书,具有开创性的意义和价值,值得每个家庭研读。

舒峰
2023年5月15日

序言二

儿子在足球场边被飞来的足球撞到了脸,门牙被撞松并碎掉了一小块。他愤怒地上前揍了踢球的小孩。我要求对方家长留下联系方式,方便后续处理时,对方家长拒绝,并认为没有证据证明牙齿是被球踢松的,并且我儿子打人,他的小孩出现了头晕的现象。双方矛盾激化,最终报警处理,大人小孩一起进了警察局。由于儿子存在打人的行为,在纠纷的处理上我们非常被动。

按照我往常的想法,这是妥妥的负面经历,不想再次提及。读了汤老师的《当孙子遇上家长》后,对这件"进警察局"的事,我有了不同的认识,也能从教育的角度出发引导孩子。

书中,孙子说,孩子需要不同的经历才能学会成长,负面的经历里面也有正面的价值,错误也是学习,家长要允许孩子犯错。并且,以患为利,此时我陪在孩子身边,陪伴他一起跨越障碍,能让我们之间的亲子关系更紧密。有了这种认识,我就不会批评孩子,孩子也不会掉入"害怕被骂"的情绪中,我对他表达着支持、保护与爱,我们俩都能把精力放在如何更有效地解决问题上。

《当孙子遇上家长》中说,家长在干预孩子的事情时,要思考:表面的问题是真正的问题吗?真正的问题是什么?从教育儿子的角度来说,如何赔偿,不是这次事件我真正要处理和看重的问题。打架不是处理问题的最好方式,才是我真正要传递给孩子的价值观。

本书还说,在处理孩子的问题时,我们要看到孩子行为背后的思维方式,了解孩子的思想。孩子只有改变了想法,才会改变行为。长期以来,当儿子与他人发生矛盾时,都极容易用打人的方式来解决问题。他觉得是别人让他心里有一团火,只有将这团火发泄出来,他才能舒服,打人是最好的让他舒服的方式。正是因为有这种想法,他才一次又一次选择用打架的方式处理情绪与事情。在这件事情的处理上,我要转变他"打架可以让我舒服"的想法,而不是批判他这个人。

如何转变他的想法呢?本书也有建议。转变孩子的想法,家长要有耐心,等待纠正的时机。此次事情闹得很大,进了警局,坐了警车。因为打了人,虽然受伤在先,他也没有办法维护自己的权益,这些都让他切身体会到了打人的危害。而且,这种危害借由警察的口说出,比我这个当妈妈的来说更有说服力、威慑力。此时,正是沟通与纠正他错误想法的好时机,千载难逢。

要转变孩子的想法,家长得学会提问,通过问相关的问题,启发孩子自己推翻自己的观点。在这种想法的指导下,我问孩子:"这次打人确实让你当时舒服了,可是舒服过后呢?麻烦是更小了,还是更大了?"同样的,我也通过启发式提问,让孩子意识到解决问题的方法是来自他自己。"如果事情能再来一次,你怎么处理会更好?"

按本书的指导与孩子沟通后,我最后问孩子:

"你觉得进警局这件事,是好事还是坏事?"孩子回答:"是好事,我长智慧了。"

按《当孙子遇上家长》中的建议处理孩子的教育问题后,突然意识到,我学到的并不是具体的处理问题的工具与方法,而是处理和看待问题的思维,转变的是关于教育的价值观。对于家庭教育来说,思维与价值观的转变难道不是最难和最有价值的吗?

李文文
2023 年 5 月 6 日

前言

在过去的近30年里，我一直是孙子的超级粉丝，现在仍然是。作为战略大师，孙子的著作是如此博大精深，中国传统智慧是如此根深蒂固，以至于经过几千年后，孙子的思想仍然被认可，仍然行之有效。

如果没有我在20·20教育发展有限公司的同事以及过去20多年与我合作的许多人的帮助和支持，这本书是不可能出版的。我们一直致力于与孩子、家长或他们的家庭成员站在一起，帮助孩子们减少上学和成长带来的压力。

我非常感谢我在梅州的导师团队：古卫忠、吴洪飞、李珊珊和罗毅胜，以及我在梅州的小创业家团队，包括黄婷、钟艳妮、钟解艳和钟敏君。

我特别感谢我在深圳的导师团队的成员，他

们帮助我进行翻译和校对。我永远感谢朱铭芳、李文文、舒峰、王瑞子和梁翔晴。为了让这本书尽快出版，他们牺牲了许多周末的时间来翻译。

我也感谢我在深圳的小创业家团队，包括陈庭君、何雅轩、高华秀、卢佳莉、黎芳华、杨丽霞和王海清。这些人一直在使用书中提到的方法和策略，与孩子们及其父母一起成长。他们每周的反馈构成了这本书的核心。

我之所以有兴趣写这本书，是因为我相信《孙子兵法》不仅能有效地避免战争，或在战争不可避免时指导人们如何获胜，或帮助人们在商业领域取得成功，它在个人成长和发展、人际关系处理和青少年成长方面也很有用。

我一直在想，在今天的中国，如果孙子还活着，他有一个17岁的儿子在准备高考，还有一个14岁的女儿在准备中考，在3年新冠疫情管控、"双减"政策出台、互联网与手机使用空前普及和电子游戏盛行这样的背景下，他会怎么教育孩子？他将如何兼顾工作和家庭？

这本书正是基于这样的思考而诞生。我真诚地希望这本书对家长和孩子（无论是哪一个年龄阶段的孩子）都有帮助，并且家长们能发现它是有益和有效的。如果以适当的方式进行，青少年的成长过程既是一个快乐的过程，也是一个压力很少的过程。

在阅读时，我建议将这本书与《孙子兵法》原文一起阅读。千万不要把孩子视为"敌人"，他不是！《孙子兵法》不是讲敌人和敌人做了什么，而是讲你应该如何反应才能活着并获胜。同样，这本书不是讲孩子的思想或行为，是讲你——家长，应该如何回应孩子的行为，以保持你与孩子的良好关系，并实现家长与孩子的共赢。

愿书中的建议所创造的功德，回向给所有有需要的家庭。

最后，祝所有读者们阅读快乐，收获满满！

THONG THIAM SOON

汤添顺

前言（英文版）

I have been a great fan of Sun Tzu, for the last 30 years or more, and still am. The Master Strategist's writing was so profound, with the traditional Chinese Wisdom so deeply-rooted, that after so many thousands of years, his principles are still valid, and they still work.

This book would not have been possible without the help and support of my fellow colleagues in 20.20 Educational Development Co.Ltd., and the many people working with me over the last 20 years or so; working in the front-line with the children and their parents or their family - members; working relentlessly to help the children minimize the stress from schooling and from growing up.

I am grateful to my team of Tutors in Meizhou: Jhongger, Feigger, Sun Sun, and Xiau Loh;

My team of YEC Trainers in Meizhou include Xiang Xiang, Yennin, Jea Yen, and Min Qun.

I am specially indebted to members of my Tutor-team in Shenzhen, who helped me with the translation and proof-reading. I am forever grateful to Min Fang, Wen Wen, Fongger, Xuen Ma and Rei Rei. They sacrificed so many of their week-ends in order to have the book translated in time for publication.

I am also grateful to my team of YEC Trainers in Shenzhen, including Din Qun, Loong Loong, Gao Gao, Jia Li, Fang Hua, Li Xia and Hai Ching. These are the people who have been utilizing the methods and strategies mentioned in the book; and working with the children and their parents. Their weekly feedbacks formed the core of the book.

My interest in writing this book stemmed from

my belief that *Sun Tzu's Art of War* is not only effective in preventing wars, or in winning, when war is inevitable, or in the business arena; it is also effective in Personal Growth and Development, Relationship Management, and Effective Child Development.

I have always wondered about how Sun Tzu would manage if he is alive today, the father of a 17 yrs.old son preparing for his High School exam., and a 14 yrs. old daughter, preparing for her entry to Senior High School, in present‐day China. How would he manage between his work and his family? This is after 3 years of COVID-management, the new policies on Stress reduction for school‐children, the influence of Internet, hand-phones, and e-Games.

This book is the result of such thinking. I sincerely hope that the book will be of help to both parents and their children, no matter how young; and find it beneficial and effective. Effective Child

Development can be both a joy and a less stressful process, if approached in an appropriate manner.

I would recommend that this book be read together with the *Sun Tzu's Art of War* original text, except do not consider the child as the enemy; he is not. The *Sun Tzu's Art of War* is not about the enemy and what he does, it is about how you should react to stay alive and win. Similarly, this book is not about the child's thinking or his behaviors; it is about how you, the parents, should respond in order to keep the parent-child relationship alive, and win.

May the merits from following the advice of this book be dedicated to all those families who are in need of such processes.

Happy reading, and happy harvest.

THONG THIAM SOON

目 录
CONTENTS

第一章	家庭教育评估	1
第二章	与孩子的交锋	9
第三章	成功的战略	16
第四章	有效的战术	25
第五章	兵无常势	30
第六章	优势与劣势	35
第七章	把握主动权	41
第八章	多种变化因素	49
第九章	运筹帷幄	54
第十章	思维模式	61
第十一章	九地应变	71
第十二章	浴火重生	86

第十三章　资源整合　　　　　　　　89

《孙子兵法》原文　　　　　　　　92

《当孙子遇上家长》读后感　　　　115

《当孙子遇上家长》翻译心得　　　119

第一章
家庭教育评估

　　有效发展和教育下一代，对国、对家、对孩子都至关重要，关系到国家的兴衰、家庭的幸福、个人的成败，要认真对待。(有效发展和教育：家长有责任看懂孩子全面的发展需要什么。)

　　这是一场任何父母都输不起的"战争"，必须做好充足的准备来赢得它。

　　孙子对家长说：

　　要预测这场"战争"的胜负情势，你们需要研究和了解参与的各方，并从五个方面来进行分析：

一是道，二是天，三是地，四是将，五是法。

道，指的是孩子发展的正确出发点。这个出发点让所有的家庭成员和身边的人团结一心，排除万难支持孩子每一步的成长。

目前，大多数家长的"道"都停留在希望孩子：

1. 通过中考，考上好的高中。
2. 通过高考，考上好的大学，获得好的文凭。
3. 有了好的文凭，找到一份稳定的、收入可观的工作，最好离家和父母近。
4. 结婚、生子。

你是否考虑过：

1. 你是否有明确的目标，孩子成年后，除了受过良好的高等教育，他们是否清楚地知道自己要成为一个什么样的人？
2. 孩子是否训练有素，有力量面对和克服成长与成功道路上伴随的一切挑战？

3. 孩子从你这里学到的对他真正有帮助的东西是什么？你应该给他建立怎样的价值观？

4. 你有哪些价值观？

5. 孩子的工作场所、家庭、社区和国家是否会因为他的存在而变得更好？

为了孩子的有效发展，你应该思考这些"道"的层面的问题。

天，指的是外部大环境的影响因素，如经济周期、重大事件，这些属于家长普遍都无法控制的范围。

包含以下这些方面：

1. 国家教育体制。

2. 每年进入这套体制的学生人数。

3. 各种形式的考试：升学考、期末考、月考、周考，等等。

4. 孩子每天需要完成的学校作业的数量，包括假期。

5. 家长为孩子安排的补习班或兴趣班的数量。

6. 2020—2022年新冠病毒疫情封控措施带来的影响。

这些是绝大部分家长与孩子需要去适应的大环境,没有太多选择空间。

地,指的是家长之间、家长与老师之间、家长与孩子之间、老师与孩子之间、孩子与同龄人之间的距离或空间。

包含以下内容:

1. 亲子关系。
2. 夫妻情感关系,包括与其他家庭成员之间的关系。
3. 家长与学校老师之间的关系。
4. 孩子与朋友或同学之间的关系。
5. 孩子自己做决定时所拥有的"空间"。
6. 孩子发展过程中,受父母影响形成的思维方式和价值观。

将,是指要具备智慧、自律、仁德、勇气、严格的品质。

"将"不单指个人（对孩子负有监护责任的父母），而是指整个家庭，还包括其他成年家庭成员，这包括家庭文化和家庭价值体系。上述五个"将"的品质应该是整个家庭公认的重要原则。

除此之外，情绪稳定、成熟，具备良好的心理素质也非常重要。作为家长，以上品质，你具备哪些？

培养孩子，"将"还需要考虑以下因素：

1. 夫妻之间的情感关系。
2. 父母需要掌握的知识和技能。
3. 孩子成长可借助的资源。

法，指的是方法和指导原则。包括父母为孩子发展创造的环境，以及孩子从这个环境中获得的体验和积累的经验。

由于"天"与"地"这两个因素在不断变化，孩子及其需求也不停在变，家长对孩子的教育方式也应该随之改变。

以上这五个方面，那些知道、掌握并能运用的家长将会成功；那些不理解，更不知道如何运用它们的家长会失败。

通过对以下五个方面的情况进行分析，可以预测家长教育孩子的结果。

1. 家庭是否有一套符合"道"的价值观？

2. 家长是否能够看懂外部因素的积极和消极的影响？

3. 家长是否清楚与孩子建立和保持信任关系的重要性？

4. 家长自身是否有足够的训练和技巧，能够以不变应万变，来适应孩子不断变化的需求？

5. 家长是否可以做到奖惩公平，且奖惩措施符合孩子的年龄阶段，能够被孩子正确理解？

依据这些，我将能够准确地预测哪些家长将成功地培养和教育他的孩子。

家长采纳我的方法，就会成功，我会全力支持他。家长不采纳这些方法，我就不能帮到他。了解了这套家庭教育评估模式的作用之后，家长需要创造合适的环境和条件，使孩子受益。我的意思是：家长要采用灵活的方法，影响孩子，帮助孩子建立一套让他受益终生的价值观。

有效地培养孩子，有时也是一种"诡道"。比如：有时候你表现得没有能力，而事实上是有能力的；有时候你没有任何行动，而实际上已经准备好行动了；有时候你假装不知道，其实知道；有时候你假装不关心，实则非常关心，反之亦然。

当孩子渴望获得一些好处时，满足他；当孩子感到困惑，对自己不太确定时，坚定地支持他；当孩子表现出强烈的对抗和固执己见时，给他留一些余地，在他情绪更稳定时纠正他；当孩子的理由足够充分时，让他"赢"，并祝贺他。

家长应在问题出现前做功课，未雨绸缪，防患于未然，不要在孩子出现问题后才来解决。你还要清楚，并非所有的问题都是有害或具有破坏性的，有些问题对孩子的发展和成长是有益的。

当孩子缺乏自信时，鼓励他多尝试，自己找到正确的办法解决问题；当孩子过于自负时，尤其是当孩子的一切都过于顺利的时候，最好让孩子有一次犯错的经历。

　　这是一套无法提前预测和规定的策略和战术。在孩子的发展过程中没有固定的规则。每一个孩子都是不同的、独一无二的，且在不停变化的。在孩子成长和成熟的过程中，家长也需要成长。

　　当家长对情况进行了充分的评估，能够了解孩子，并在知识和技能方面做好了充分的准备，就更有可能成功。没有做出充分的评估，没有准备好的家长，成功的可能性较小。更何况根本不做任何评估与准备的家长呢？最终会培养出怎样的成年人？

　　我根据这些情况进行评估，就可以预测哪些家长将会成功，他们的孩子最终将会成长为怎样的成年人也是显而易见的。

第二章
与孩子的交锋

一般来说,一个有效的孩子成长计划需要满足一定条件。

孙子对家长说:

首先,要在任何战争中取胜,你都需要知道你的敌人是谁。

在孩子的整个成长过程中,你的敌人绝对不是孩子,尽管他有时候看起来像是"敌人"。

其次,你要做好充分的准备工作,要具备丰富的资源和能力,包括精神、情感和身体方面的能力。你要有明确的培养目标，要有足够的耐心，理解不同年龄段的孩子需求是不断变化的，并具备相应的知识和技能来支持孩子有效地成长和发展。

孩子有效的成长和发展，考验父母之间的情感关系、父母与其他家庭成员之间的关系，以及父母与孩子之间的亲子关系。你要有能力持续为孩子创造一个有利的家庭成长环境，提供高质量的陪伴。要在职业、朋友、个人兴趣与孩子的培养之间取得平衡并不容易，为孩子提供足够的高质量陪伴，对父母来说是一项挑战。随着孩子年龄的增长，孩子需要你更多的理解和指导，你在资源和时间上的投入会增加，包括为孩子的教育提供越来越多的财务支持。

由于孩子的整个成长过程将持续20多年，在孩子成年之前，快速而有效地解决孩子当前面临的问题和挑战至关重要。

你需要及时有效地解决孩子成长过程中遇到的大多数问题与障碍，处理好整个过程中的每一次亲子冲突。如果你的解决方案无效或者不及时，问题所累积的压力会影响你，也会对孩子产生非常负面的影响，并对孩子的有效成长和发展造成负面影响。

如果解决问题不能速战速决，你和孩子都会筋疲力尽，你会变得被动。你的建议、行动和解决问题所使用的方法和策略，将会无效。

当你被某些特定的问题困住，花费大量的时间和精力去解决这个问题时，你们的资源会被消耗。你不能及时解决问题会影响孩子对你的信任，他们会质疑你是否有能力帮助他们解决所提出的问题。

当你解决问题的耐心和信心下降时，来自其他家庭成员的支持也会随之减少。其他的负面影响就会出现，障碍会变得更难克服。所有这些，都将使你帮助孩子变得更加困难。即便你身边有明智的顾问，也帮不上太多忙。

从未听说过，用错误的方法能培养好孩子。养育孩子的时间拖得过长，超出正常需要的时间是不恰当的。比如，年迈的家长仍然坚持把成年子女当成无法自理的巨婴来照顾时，对任何人都没有好处。

不能接受孩子缺点的家长，也无法发挥孩子的优点。不能理解使用错误的方法教育孩子会对孩子造成伤害的家长，也同样无法理解使用正确的方法给孩子带来的好处。

擅长使用正确方法的家长，不会重复使用相同的策略，而希望得到不同的结果。孩子不停在变，智慧的家长会从孩子身上发现可用的有效方法。

对于九岁以下的孩子来说，很多时候会听你告诉他怎样思考和行动。从十岁开始，孩子对于如何思考和行动，就有了自己的想法。在这个阶段，你要让孩子有更多的机会自己思考，才能让孩子更好地锻炼自己的思维能力。通过这一点，你更加了解孩子的思维，可以让自己所使用的方法更有效。

只要有可能，你都应该鼓励孩子自己进行思

考，让孩子相信，解决问题的想法是来自他自己。你要允许孩子拥有自己的主张与见解，这样孩子做事会更积极主动。当孩子所有的决定都必须服从你时，他会缺乏决策和解决问题的能力。即便孩子遵从了你替他做出的大部分决定，他也不能理解每个决定背后的逻辑和原理。孩子的服从可能来自希望从你这里得到更多的好处，或者害怕受到你的惩罚。

随着时间的推移，孩子的智力发展开始慢慢成熟。当他们能够自己独立思考时，就会对你的建议置若罔闻。因此，明智的你会让孩子参与到决策和解决问题的过程中。解决问题时，你要尽量引导孩子，但最终还是要让孩子觉得，解决问题的方法来自他自己。这样一来，孩子就有了积极解决问题、采取相应行动的动力。

就增强孩子的自信而言，孩子自己的一个可行性想法，比你提供的十个好的建议更重要。你的一个坏主意，就会让孩子失去对你的信任，并且后面出现任何问题，孩子都有可能会归咎于你。

为了鼓励孩子质疑家长的想法，你需要鼓舞孩子的士气。除了庆祝孩子所做的每一个好的决定之外，你还要注意，对孩子的每一个行为，不要太快下结论或者去纠正，不要给孩子贴上负面标签，去打击孩子的自尊，不要贬低孩子的自我价值感。

给孩子的奖励和礼物，不一定局限于实物形式，微笑、点头、拍拍后背或让其他家庭成员知道孩子正确的想法和恰当的行为，同样重要和有效。

肯定过程与肯定最终结果同样重要。建立一个"好的想法"和"恰当行为"方面的个人成长档案，可以鼓励孩子做得更好，持续进步。随着孩子变得成熟，在处理问题方面，孩子会变得越来越有效率。过往的成功经验，可以帮助孩子更有韧性地应对未来可能出现的负面事件。

因此，解决问题时不要拖延。能够理解这一点的家长，是孩子未来命运的规划师和守护者，是孩子的坚强后盾。

为了解决问题时能速战速决,你需要做到:

1. 比任何人都更了解你的孩子。

2. 比任何人都跟孩子走得更近。

3. 在情感上,比任何人都更能与孩子保持好的连接。

第三章
成功的战略

一般来说,在孩子成长和发展的过程中,每次面对孩子时,最好的策略是能够教育他,但同时不留下太多负面的情感和记忆,并且不破坏你们之间的感情。

强迫孩子服从你的每一个要求,而不去研究他的思维方式和价值体系,只会让他更困惑、更屈从,自尊心更不足。更糟糕的是,他不理解你的要求背后的逻辑或想法,埋在他内心的"地雷"可能会影响他的一生,他的个性、事业、生活都会受到负面影响。这并不是最好的策略。

孙子对家长说：

培养孩子最好的方法是能够让孩子理解、接受你的建议和建议背后的原因，并愿意改变他自己的想法和行为。

在孩子还小的时候一点一滴地赢得孩子的信任，一次一点慢慢地与孩子建立密切关系。等到他稍微长大，思维开始发展但又尚未完全成熟时，不恰当的思维会导致不恰当的行为，甚至出现更严重的问题，到那时再来建立关系、引导孩子的思维，就会困难得多。

到了青春期，当你发现情况已经失控再开始干预，急切地想帮助孩子，并且想在最短的时间内看到效果，让孩子改变他的方式，结果通常都是灾难性的。除了不容易成功之外，代价通常是你们之间的感情破裂，把他推得更远。你很可能会失去自己努力想要帮助的孩子。

因此，让孩子在精神和情感上变得健康快乐，不留下任何伤害是一门最高的艺术。没有太多公开和正面的冲突、没有太多的对抗而赢得孩子，最重要的是做孩子的思想工作，做他价值观的工作，做他信念的工作。

在你能够做孩子的思想工作之前，在孩子的问题变得大到他自己无法处理之前，你需要了解孩子，了解孩子的需求是什么，了解满足这些需求，你需要具备哪些能力。

如果你企图通过暴力来赢得与孩子的每一场冲突，孩子在精神上和情感上都会与你越来越远，你最终什么也赢不了。暴力对亲子关系的破坏可能需要用一生的时间才能治愈。

与孩子正面对峙通常是下下策，而且很少有成效。用这种方法，你可能会看到孩子行为上有变化，但这通常是暂时的，无法持续。类似情况通常在不久之后就会重复出现。

如果选择正面对峙，你需要做好充分的准备：

1. 不要出于愤怒而这样做。
2. 不要让孩子感觉到被威胁。
3. 不要让孩子感觉到被侮辱。

4. 这样做不是为了证明你还能控制孩子，等等。

正面对峙意味着直接面对问题，你需要很有耐心，不带情绪，不带指责，不找借口，孩子必须学会对自己的问题负责，才能解决问题。

孩子还小，经验还不足，他们需要你的协助来解决一些棘手的问题。你要清楚该解决的问题是什么，否则很容易把问题的矛头指向孩子这个人，而不是问题本身。如果孩子确实存在问题，那么你也是问题的一部分，不管问题是什么。

你的目标是要保全一切，让你和孩子在这个过程中都不会疲惫不堪。在不伤害孩子的情况下赢得他，你没有破坏他对你的爱和信任，你没有破坏他对自己的信心和自我价值感，你也不会给他留下情感创伤或者成年后会伤害他的糟糕记忆，这是一门艺术。

在独裁式育儿方式下，孩子几乎没有自己的空间。如果每个选择和决定都必须听从家长，孩子就不会学着承担后果。在服从中，也许孩子面对错误也不会有太多的心理压力,但可能导致他在成年后面临很多心理健康方面的挑战。

害怕犯错会使孩子更加害怕尝试,孩子解决问题的能力将会受到影响,创新思维受到限制。这个孩子会找许多的借口来避免尝试,即使最小的风险他也不敢冒,而且很可能会很难适应变化。

能用好我所说的这套教育模式的家长,知道自己不是来培养完美孩子的,没有必要纠正孩子所犯的每一个小错误。你要看明白,孩子错误的行为与他的年龄有关。如果当时有人引导,孩子其实可以从错误中学到很多东西。

当孩子不能完全理解你的要求背后的原因时,不要强迫他,也不要因为他还不能理解而侮辱他。后退一点,允许孩子有足够的时间成长。你是孩子幸福的守护者,如果孩子与你的关系太紧张,就无法成长为幸福和情感健康的孩子。

在这个过程中,做得到位会使你与孩子的情感连接更强;如果做得不够好,会破坏你们之间的情感连接。你们要保护这个连接,才能迎来最终的成功。孩子心智尚不成熟，生活阅历也非常有限，相比而言，你的沟通能力更强、情绪更稳定、更有能力主动地经营好与孩子的情感连接。

当你通过施加压力来传达要求时，就证明你已经失去了理智、方法和耐心。你不仅会输掉"战争"，还会失去孩子对你的信任与感情。

其他家庭成员在下面三种情况下，会给教育带来负面影响。虽然整个家庭在培养孩子的目标上一致，但是当对孩子恰当的行为和结果有不同的理解和标准时，教育方法上会出现不一致的情况。当有太多不同的声音和建议干扰教育过程时，孩子和家长都会感到困惑。当孩子接收到的信息不够清晰时，他就会缺乏士气和热情。

1. 总要有一位家长承担教育孩子的主要角色，成为主要教育者。他要根据现场的情况来决定，如孩子该不该继续参加某一课程，该不该有某个行为，等等。其他家庭成员毫无依据地插手，只会让事情变得更糟，还会让主要教育者失去主动权。

2.大多数情况下，家庭成员教育孩子需要在现场，采用及时和灵活的方式才能有效。其他家庭成员不在现场，在不清楚实际情况的情形下进行远程管控，只会对教育过程造成严重破坏，主要教育者和孩子都会感到困惑。

3.家庭成员不清楚自己在家庭教育中所扮演的角色，不了解主要教育者的意图和目标，就不要干涉主要教育者给孩子的指示和建议。否则，这会使主要教育者和孩子心中进一步产生怀疑和困惑。

当孩子对主要教育者的能力和权威产生疑虑时，消极不当的想法就会出现。如果这些不恰当的想法没有得到及时纠正，会导致孩子形成更多负面的思想和行为。

依据以下五个标准，我们可以预测家长对孩子的教育是否会成功：

1.家长知道什么时候该干预，什么时候不应该；什么时候该管，什么时候不该管，就会成功。家长不应该把战线拉得太长，这个过程会消耗自己和孩子，家长不需要一直证明自己是对的。

2. 家长必须知道，并不是孩子的所有问题都同等重要，也不是所有的错误都具有同等破坏性。有些错误其实是具有建设性的，对孩子有益。通过这些负面经历，家长可以引导孩子学习经验和教训。父母引导的方法应该是与孩子年龄相符，从而孩子能够理解并认同的。教育原则必须始终保持公平、一致。知道这一点的家长，就会成功。

3. 能得到其他家庭成员的支持和理解，家长将会成功。家庭教育应该只有一个声音和一个明确的方向，不要让其他人的不同价值观使整个过程复杂化。

4. 在教育孩子方面，储备足够的知识和技能的家长将会成功。家长要对自己有耐心和信心，同时信任孩子，对孩子的教育才会有效。

5. 家长信任孩子，孩子信任家长。家长理解孩子，允许孩子慢慢成长，鼓励孩子通过错误经历来学习，在错误中成长。允许孩子有足够的时间和空间成长，同时，家长也要给自己时间成长。

记住这些要点,通过评估这五个标准,你们就能理解孩子健康成长、有效发展的途径。

如果你不了解孩子,但你了解自己,你成功的机会只有一半。

如果你既不了解孩子,也不了解自己,你肯定不会在与孩子交锋时成功地赢得他,并帮助他健康成长。

第四章
有效的战术

　　提前做好准备才能成功有效地配合孩子成长。你们要储备充足的知识,掌握娴熟的技能,等待恰当的时机,在孩子需要的时候,随时可以进行干预。干预是否有效取决于你,而是否需要你的干预则取决于孩子。

　　你可能非常擅长教育孩子,但你无法决定孩子是否一定会得到良好的培养。你只能做好自己能做的部分,孩子能吸收多少,你掌控不了。接受过高等教育,在社会上取得高度成功的家长,不一定能培养出同样优秀的孩子，反之亦然。

孙子对家长说：

胜兵先胜而后求战。在战争中，先确保自己立于不败之地，再寻求战胜的可能性。在孩子的发展中，你是否清晰认识到，要保护的对象是谁？要克服的障碍是什么？你不能丢失的阵地又是什么？

军队在力量不足时防守，在力量充足时进攻。因此，在做出防御或进攻的干预之前，你要做好充分的准备，耐心地保留自己的想法，仔细观察，充分地了解孩子的思想之后，再进行干预。只有这样，你才能明确知道自己该保护什么、该克服什么障碍。不要过快地下结论或给孩子贴负面标签，在掌握所有的情况之后，再采取最具建设性和最有效的行动也不迟。

为了证明自己的观点，你可以引用能得到的所有数据、案例、证据。这样做，孩子就很难反驳你的观点。同样，推翻孩子不合理的想法时，你也可以这样，用政府政策、学校规定、现行法律等信息来支持自己的观点。需要注意的是，你应该批判的是孩子想法背后的思维方式，而不能攻击孩子本人。

与孩子正面冲突时，知道如何获胜的家长，并不是最优秀的家长；家长能在亲子冲突中获胜，也不会被誉为育儿专家。真正的教育大师能在不发生冲突、不发动对抗、不破坏亲子关系的前提下，在孩子的不良想法演变成问题行为之前，就改变了孩子的思考方式，使其从负面转向正面。这样的家长才能被称为高手。

因此，与孩子争斗而获得成功或胜利，你不会赢得任何声誉或认可。无论你做什么，出发点都是打下良好的亲子关系基础，方便未来获得更多的成功。你能够帮助到孩子的前提是，双方的关系没有受损，你与孩子之间存在相互的信任与爱。

基于此，你将立于不败之地，不会错过任何可以帮助孩子的机会。你在孩子心目中占据重要的位置，这使得你可以轻而易举地影响孩子，并在孩子遇到的问题变得严重之前,及时给予帮助。

注定失败的家长经常会与孩子公开发生冲突,通常每天都会。他们只能通过强制手段,或者侥幸来让孩子服从。这时,亲子关系处于紧张的状态。

胜利的家长,以"道"为方向引领孩子,赋予孩子一套良好的价值观,来帮助孩子实现人生目标。家长以"道"为最高的标准来培养孩子,孩子将成为人类与社会的宝贵财富。

在每一次与孩子的接触中,你需要注意以下五个方面:

1. 空间测量

A:你想让孩子学习什么?

B:你与孩子之间的关系有多亲密或有多紧张?

2. 质量评估

A:所学到的东西价值有多高?孩子是否理解?

B:孩子要取得成功,你还需要哪些资源?

3. 数据计算

A:你是否理解孩子成长过程中所伴随的挑战

与需求?

B:你应该如何帮助孩子满足需求并克服诸多挑战呢?

4. 实力比较

A:你了解自身的优点和缺点吗?

B:你了解孩子的优点和缺点,以便想出最有效的方法来配合孩子成长吗?

5. 胜利的机会

A:你对自己方法的有效性有多少信心?

B:对孩子而言,成功要付出的"代价"是什么,是否值得?

在整个过程中,考虑这五个方面的要素将确保你取得成功。你的胜算会大大增加,失败的风险将降至最低。

因为意识到听从你的指导能受益匪浅,孩子会全心全意、欣然接受你的指导。当你使用的策略和方法有效时,会产生势如破竹的效果,就像洪流突然冲开闸门,冲进千米深的峡谷一样,孩子将在各个方面不断取得进步。

第五章
兵无常势

孙子对家长说:

兵无常势,水无常形,能因敌变化而制胜者,谓之神。作战没有固定方法,水流没有固定形态。能依据敌情变化而取胜的,就是用兵如神。

一般而言,不管是解决多个问题、复杂问题、严重问题,还是解决单一问题、简单问题,流程都是一样的。关键在于解决问题的过程中,你要通过有效沟通,让孩子明白问题的严重性和自然后果,帮助孩子自己找到解决问题的方法。

要实现以上效果,你将需要同时使用常规与非常规、直接与间接、有形与无形的各种方法与策略。

无论问题的数量与严重程度如何,同时使用常规与非常规、直接与间接、有形与无形的方法,如同以石击卵,可以充分发挥你的优势来帮助孩子克服困难。

通常,每次与孩子相处时,你使用常规、直接、有形的方法,就像扮演父母、兄弟姐妹或家庭成员的角色;而使用非常规、间接、无形的方法,则像扮演教练、顾问或朋友的角色。使用这两种方法,是为了更有效地挖掘问题的深层原因,更好地理解和寻求真相,并在不破坏亲子关系的同时,有效地帮助孩子自己找到解决问题的方法。

常规与非常规方法不受限制,这两种方法可以相互转化,互为补充,并且使用规则无法被预测,无穷无尽。

孩子对你非常熟悉,对你的了解和理解程度远超你的想象。《孙子兵法》中说:"故善攻者,敌不知其所守。"引申到孩子的教育中,当你和孩子因为具体事件产生冲突时,预期到你会使用直接和常规的策略,孩子就可以做好充分而有效的准备来坚守自己原本的立场,反制你的策略。你采取间接和非常规的方法,会让孩子无法预测到你的反应和回应,你才能出其不意地把握主动权。

当孩子无法预料你的反应时,就无法提前做好准备。相比之下,你能看到更加真实的情况,反应也是经过深思熟虑的,而不是冲动、愤怒的结果。孩子充满活力,因为他们还在成长中,不断变化,而你则更稳定些。通过采用直接和间接、常规与非常规、有形与无形的方法,你能尽可能减少偏差,接近问题的真相,为双方提供解决问题的可行性方案。

在与孩子交锋时,你表面上呈现的状态可以不是真实的。你可能看起来很冷静,但实际上内心已经非常激动。或者刚好相反:表面的混乱来自良好的组织能力,看似明显的缺点来自本身具备的实力,而看似放弃的行为实际上来自继续前行的勇气。

你必须意识到，秩序来自有效组织，勇气来自内心强大，力量来自目标远大。

这就是你与孩子交锋时，同时使用直接和间接方法的优势所在。

因此，你要善于营造一种情境来促使孩子做出相应的行为，并通过另外一种情境来防止孩子做出其他相应的行为。四两拨千斤，是因为有势能。一个行动能带来预期的结果，是因为时机得当。在每次与孩子交锋时你之所以能成功，是因为能找到合适的时机。因此，善于使用直接和间接方法的家长，总能把握教育的主动权，不苛求他人给予支持，不会因为他人没有给予足够的支持而抱怨。

尽管来自其他家庭成员的配合至关重要，但主要教育者适时转换不同角色的能力，会拥有最大的优势。为了充分地利用情境，你需要选择适当的角色：时而是家长，时而是朋友，时而是教练，时而是辅导师，等等。

不同角色，优势能互补，使用得当，就像圆石从山坡上滚落下来，可以清除道路上的一切障碍。

你在恰当的时机点，正确的情境下，选择适当的角色，可以使双方的压力最小化，有效地配合孩子成长，付出最小的努力，得到巨大的成果。

第六章
优势与劣势

孙子对家长说：

一般来说，在成长过程中，孩子们重复经历的事情会构成他们价值观系统的一部分，会影响到他们如何看待自己，如何看待世界。这个信念系统会成为孩子性格的一部分，影响他的思考方式和所做的选择。

信念系统一旦形成，就很难移除和替换，它会生根发芽，排斥一切与之不同的观点或建议。到了青春期，当思维开始成熟的时候，不管家长的观点或建议多么有价值和有用，只要不符合孩子的原有价值观，都会被抵触。

因此，了解孩子思维发展规律的家长，首先会为孩子创造一个合适的环境，让孩子有相关的经历，构建起他们的第一套价值观系统。这套系统，将会提高孩子解决问题的技能，为他们成人后具备优秀的素养打下基础。这套系统帮助孩子明辨是非，形成一套简单的防御系统，防止孩子形成不恰当的想法，做出不恰当的行为。先入为主的价值观系统，会排斥与之对立的思想进入。

因此，你要允许孩子去充分体验成功和挫折。挫折会提高孩子对失败的免疫力，增强韧性。孩子的经历必须与年龄相符，在孩子需要协助的时候，你必须随时施以援手。

无论是正面的还是负面的重复经历，都可以帮助孩子建立起更具弹性的"免疫"系统。有了这套"免疫"系统，孩子就更加知道该相信什么，不该相信什么，也更有助于其理解什么是对的，什么是错的，就不会那么容易受到不利的外部环境因素的影响。

你是孩子抵御负面影响的第二道防线。你需要既了解孩子的优势,又了解孩子的劣势,才能有效构建起这道安全屏障。了解孩子的过程中,你使用的方法不能让孩子感受到威胁,给孩子带来压力。

如果你使用直接的方式去了解孩子,有可能看不到事情的真相。因为孩子会立即进入自我保护的防御模式。因此,间接的了解方法可能会更有效。如果孩子不知道你的意图,不知道你在寻找什么答案,或者不知道你将进攻哪里,他就很难为自己树立防御屏障。了解进行得如此隐秘,以至于你不动声色、不着痕迹,就得到了想要的答案。

在间接了解的过程中,你和孩子没有公开冲突,就不会破坏你们之间的亲子关系。

因此,你要理解,不同的经历会给孩子的成长带来不同的结果,所有这些对他个人的发展都是有利的。有些经历是预料之中的,有些则不是,有些是正面的,有些看起来可能是负面的,但它们同样都有助于孩子的全面发展。你需要从这个角度来理解孩子所需要的究竟是什么。

在孩子不知道的情况下,你已经播下了有效成长的种子,并且已经生根发芽。孩子的可能性是无限的,你要知道孩子的哪些功课该加强,哪些不需要;哪些教训是建设性的,哪些不是。了解孩子成长规律的家长知道哪些思想该防御,哪些思想该反对,以及该如何进一步行动。

要想有效配合孩子成长,你就不能让孩子觉得所有问题你都有正确答案,你是完美的。如果孩子相信你是完美的,他什么也学不到。你并不完美,你也没有权利要求孩子完美。孩子不可能全是优点,没有缺点。如果你不能接受孩子的缺点,也将无法帮助孩子发挥优点。

在帮助孩子加强自身优势的过程中,你无须纠正孩子所犯的每一个小错误。你不能让孩子觉得自己所做的每件事情都是错的,没多少是对的,否则,孩子就只能相信自己全是缺点,没有优点。

你没有必要立即满足孩子的每一个需求。孩子必须学会延迟满足，才能获得真正的成长，除非孩子所提的这个需求当下真的很重要。与孩子交锋时，你不要把战线拉得太长，也不要选择每一次都开战，到处点火。要有选择性，只在真正重要的时候才出手干预。记住，对你重要的事情，对孩子的健康发展未必重要。你要思考，哪些事情才是真正重要的。

因此，我要说，即便孩子满身都是缺点，你也可以成功地加强孩子的优势。后天培养得好，可以弥补先天的不足。

你不要对孩子使用相同的方法，但希望得到不同的结果；不要重复问孩子相同的问题，表达同样的关心或者给出同样的建议；永远不要让孩子看透你，也不要让孩子知道你的目的是什么。否则，不会有你想要的效果。

你可以根据孩子的思维方式，来决定采取什么行动，使用什么战术或什么时候进行干预，以及谁是最好的干预人选。培养孩子的总体目标不要改变，也不能改变，但再有效的策略也不能重复使用。有效的培养策略没有固定的形式，没有固定的顺序，也没有固定的时间表。兵无常势，水无常形，你们所使用的策略也应该是变化的、灵活的，包罗万象。

孩子的成长没有固定模式，因此，你要训练有素，随时可以根据需要变换策略，才能有效配合孩子成长。

第七章
把握主动权

孙子对家长说:

故善战者,致人而不致于人。善战者应该积极利用一切有利条件,争取主动。当然,战场上的主动和被动地位是以一定的客观条件为基础的。

因此,在培养孩子的过程中,家庭主要教育者要确保得到其他家庭成员的支持,大家必须团结一致。你必须让每个人清楚自己的角色与分工、责任与义务,配合孩子有效成长。

你还必须让自己训练有素,拥有教育孩子相

关的知识和适当的技能，为自己在教育中的角色做好准备。

你不应该只是选择做那些容易完成的事情，而要做对孩子的全面发展重要的事情。你们会在大约二十多年的时间里，面临很多挑战。在这个过程中，家庭主要教育者必须能够从每一次失败的经历中，看到好的一面。在每一次挫败之后，你都必须表现得更强大、更坚定。要知道，造成这些挫败的原因都不是来自孩子本身。

你们要理解"不要让孩子输在起跑线上"这句话的真正含义，要知道你们才是孩子的起跑线。你们也不要忘记，自己最终想要的是一个怎样的结果。孩子的素养很重要，他不应该留下太多情感和心理创伤；他要与家庭成员之间拥有良好的关系；他要能为国家和整个世界作出贡献。你们是否具备足够的条件，培养出一个这样的成年人？

要实现这些目标，你必须首先了解自己，了解自己的思维方式和自己的价值观体系。你要明确一点：孩子不应该背负太多的情感和心理负担，这些会影响他的成长效率。孩子刚出生时，就像一张纯净的白纸，怎么写怎么画，你负有全部或部分的责任。如果纸画坏了，你不能把责任归咎于他人。

每一个选择都是有代价的，而且总要有人为这个选择买单。不管是你还是孩子，不管是现在还是未来，一定会有人对此负责。这是因果法则，适用于每个人。因此，在做决定前，你必须权衡每一个决定的利与弊。

你做出的任何选择，都必须是为了孩子的利益，而不是为了你自己。这是做出决定的唯一正确出发点。

孩子的成长和发展是有阶段性的。你不要期望他们的成长有突飞猛进的结果，不要期望他们一夜之间就变了，也不要期望孩子一旦变得更好，就不会退回到他原来的状态，就不会再有不恰当的想法与行为。孩子的变化有一个自然的时间表，没有两个孩子是一模一样的。因此，把一个孩子和另外一个进行比较是不公平的，也是不对的。

每一个孩子都是独一无二的,就连双胞胎也不一样。

你一定要了解孩子的朋友,接受他的朋友,就像你会接受孩子一样。你要理解他们的需求,理解他们的感受,试着理解他们的想法。有了这种理解,你就能更好地了解你的孩子。就像在战争中,为了更好地了解战场的地形,人们会使用当地的向导。

人们经常建议,对孩子提出的问题,应该迅速及时地解决。但是,你也需要意识到,对任何问题,进行简单干预都有可能使事情变得更复杂和棘手。尤其是对青春期的孩子,你需要考虑处理问题的方式是否与孩子的年龄相符,孩子是否需要你提供帮助,孩子是否能自己解决问题,等等。

在干预过程中,孩子应该清楚你对他的期望是什么,哪些行为是被允许的。但是,在大多数情况下,孩子总是被告知什么是错误的,而很少被告知什么是正确的。你认为,只要他知道什么是错的,就应该知道什么是对的。对于那些大脑发育还不成熟的孩子来说,情况可能并非如此。

更糟糕的是,你们对"知道孩子的想法"并不感兴趣。你们容易忘记,思想决定行为这个事实。你们不去影响孩子的思维方式,却期望改变他的行为方式。只关注孩子的行为、忽视其想法的习惯,来自在孩子还很小的时候,那时你们只需要教孩子如何去做就可以了。孩子长大了,有了自己的思想,你们却没有随着他们的年龄调整方法,关注到他们的思维与想法。当然,你们也可以强迫孩子改变行为,但效果只是暂时的。

此外,与孩子沟通,应该关注孩子的思维方式,沟通要清晰、简洁,与孩子的思维方式一致。为了使沟通更有效,你需要明白,重要的不是你想表达什么,而是孩子想听到什么。孩子如何理解你传递的信息是很重要、很关键的。

当然,如果孩子不表达自己的想法,你也永远不会知道。有效沟通是一门艺术,沟通时你需要使用不同的风格、不同的渠道、直接或间接的表达方式等，来弄清楚孩子的想法。向孩子传达的内容可能是相同的，但传递的方式应该是多样的。沟通的时间、环境和内容本身，对孩子都同样重要。

孩子在学业上表现得不好，与朋友相处出现矛盾，有不想让你知道的问题，等等，这时你需要考虑：

1. 干预的时机是否正确？

2. 最有效的干预措施是什么？

3. 是否应该给孩子足够的时间，让他自己解决这个问题？

4. 应该在孩子不需要帮助的情况下介入吗？

5. 表面的问题是真正的问题吗？

6. 真正的问题是什么？

7. 你是真的了解，还是只是猜测？

当孩子需要你的理解和支持时，是你应该干预的时候。有些父母的干预能让孩子收到正确的信息，觉得家长理解并支持他。有些父母的干预却让孩子觉得，父母在谴责他，责备他不够聪明、不够强壮、不够能干，等等。你希望孩子从你的干预中收到什么样的信息呢？你的干预是否能够真的帮到孩子呢？

当然，你认为最好的干预时间是孩子遇到问题的时候，这也没有错。在这样做的时候，你还需要明白：

1. 你看到的表面问题可能并不是真正的问题。

2. 看起来像是问题的问题，有可能根本不是问题。

3. 看起来像是一场灾难的事情，可能并不是一件坏事。

当一切顺利的时候，当孩子考试成绩很好的时候，当成功出现在每一个角落的时候，你要足够敏感，去观察孩子所有这些"顺利"之中是否存在问题，并做好准备应对孩子可能遇到的任何挫败。孩子可能会变得自大、过度自信、自以为是等等，他可能会相信他永远不会错，成功永远会在他身边，他永远不会失败，等等。

但是,你能看到表面"顺利"下潜藏的问题吗?没有人能够永远一帆风顺,习惯了顺境的人,要如何面对逆境?在孩子享受成功的时候,你如何让孩子明白,将来有失败的可能性;他要在面对失败时,做出哪些有效的准备?对孩子和你而言,知道什么时候准备、准备什么,对胜利至关重要。毫无准备只会导致失败。这是有效行动的艺术。

第八章
多种变化因素

孙子对家长说:

一般来说,一个家庭中应该只有一个人,对孩子的全面发展有主要话语权。如果不止一个人,那么你们应该协调一致,变得像一个人,即只有一个方向、一个声音。其他家庭成员必须团结一致,支持这个方向和声音。

理想情况下,在与孩子有所冲突时,你应该注意以下原则:

1. 不要因为孩子还小,或者孩子的心智尚未完全发育，你就低估孩子的智商。你永远不要攻击孩子本人，也不要对孩子使用与他年龄不相符的策略。

2. 当家庭成员在培养孩子的目标或方法上没有达成一致时，孩子接收到不同的信息，只会让孩子更加困惑。这对孩子成长没有一点帮助。

3. 你不要在孩子面前反复提及他过去没有做对的事情；不要一直提醒孩子他曾经犯过的错误；不要让太多的过去影响他的现在和未来；不要让孩子对自己形成这样的印象：我总是做错事情，很少做对事情。

4. 你要利用谋略来帮助孩子摆脱困境。在你还没有得到孩子的配合时，不要把你的想法强加给孩子，或者强制孩子服从。即便表面服从了你的想法，孩子也未必真正理解和接受，这种变化就不会长久。

5. 你要坚守原则，不要因为任何原因放弃原则，教孩子正确的价值观，并坚持这些价值观。

通过你所教的价值观来表达你的立场,不要在价值观上妥协让步。

你还须明白:

1. 不要让孩子来替你实现你的梦想,孩子有自己的梦想要去实现。

2. 孩子的思维和行为要与年龄相符,孩子犯错时没有必要急于纠正孩子。时间点到了,孩子自然就会改变。

3. 孩子的世界不同于你的世界。你们大多数人无法完全理解孩子的世界。如果孩子愿意的话,可以充当你们的导游,让你们瞥见他们的世界是什么样子的。你们定会惊讶于孩子们的世界是多么的宏伟壮丽。

4. 有些事情,孩子会无比坚持,看得比自己的生命还重要。你要尊重孩子的领土权利,不要对这个神圣的地方进行争夺,这是他们成长的一部分。

5. 有一些来自其他家庭成员的意见和建议,

孩子的主要养育人不必太在意。

就培养孩子而言，目前并没有标准操作指南。在与孩子相处的过程中，你必须充分利用各种情形的变化，来获得最大优势。

你要不断变换方法和策略，才能更好地配合孩子成长，把握一切机会，强调你想要传递的信息，以便孩子能够理解。

不知如何变通的话，你就无法有效利用前面提到的五个原则。你必须考虑每种情形下，所采取行动的优缺点。了解潜在的机会，你能更有效配合孩子成长；了解潜在的威胁，就能帮助孩子规避严重的风险。

为了最大限度减少各种负面影响，减少可能对孩子造成的伤害，你需要依靠自身的知识与技能储备，做出充分有效的准备，不懈努力，提高孩子自身对负面因素的免疫力。

你容易掉入的五个大坑：

1. 操之过急，鲁莽冒失，导致配合无效。

2.缺乏勇气做重要的事情，满足于达成简单的目标，导致过程无效。

3.脾气暴躁，情绪波动大，行动也会无效。

4.过于关注自己的面子，以自我为中心，妨碍成功。

5.过于保护孩子，过于软弱，也会让管理变得不起作用。

孩子不能全面发展，必定是这五个方面的因素造成的，你必须充分注意。

第九章
运筹帷幄

孙子对家长说:

与孩子进行任何一次交锋之前,你要先明确自己的出发点。在你的影响和引导下,孩子积极向上是首要目标,而成长为一个身心健康、快乐的成年人则是终极目标。

你对孩子的干预应避免亲子冲突。无论是正面冲突还是旁敲侧击,都会消耗大量的资源与精力,很可能会破坏你们之间的亲子关系。

影响孩子,获得孩子的支持,不管是直接还

是间接,你都应尽量避免冲突,节省资源和精力,并且不破坏亲子关系。要实现这一点,你要明确自己的立场。只有这样,你的策略和部署才会成功。

在孩子从幼年到青年再到成年的过程中,不同阶段你需要采用不同的策略和方法。有时候,你要亲近孩子;有时候,你要与孩子共进退;有时候,你要学会放手,让孩子有足够的空间去成长。

你要如何部署才能更有效呢?

1.当孩子遇到重大问题需要帮助时,你要站得足够高,看到问题带来的积极的一面,并知道问题不是永久的。没有什么是永恒不变的,任何情况都会过去。解决问题的方式和留给孩子的经验同样重要。

你要看到孩子的优点,而不是只看到他的缺点。你在帮助孩子时,要避免给他过大的压力,要对孩子有信心,并帮助他建立起自信。这是解决重大问题时你应采取的原则。

2.在重大问题上跟孩子存在分歧和冲突时,你不需要证明你的想法更为正确、更可行或更实用。相反,你要给孩子机会来证明他的想法更好。特别是在青春期,孩子的大脑功能还在发育中,此时,他能进行抽象思考,这是锻炼他思考能力的最佳时机。

你要耐心倾听,全身心地关注孩子,这也是对孩子的尊重。在倾听的过程中,找到你们想法之间的共同点,明确表达你对共同想法的支持。

解决与孩子之间的分歧时,你要保持中立,避免与孩子的观点正面冲突,让孩子更有机会证明自己的想法。另外,你还要学会提问,通过问孩子相关问题,启发孩子自己推翻自己的观点。坚持让孩子接受你的观点之前,你要先努力理解孩子的思维逻辑。

你不要贬低孩子和他的想法。这样的益处是孩子会进行独立思考,而不是人云亦云。

这是在重大问题上你和孩子之间存在冲突时,你应该采取的原则。

3.在琐事上,你不要过多地耗费时间与精力,不要为无关紧要的小事与孩子争执。往往,对于事情的重要性,你和孩子存在不同的看法,会引起冲突。有时,你们内心的恐惧,会将一件微不足道的小事,看成是一件生死攸关的大事。

4.平常双方交流时,你要持开放性的态度,包容不同意见,并学会尊重孩子的看法。从不同角度看待事情,这种多元性是一种优势,你应该珍视。

运用这四个原则,你可以与孩子建立更好的关系。在意见不同的情况下,你要避免过多的公开冲突。毕竟,你们都有自己看待和理解事情的权利,应相互尊重。

你凡事要看好的一面,牢记培养孩子的终极目标,即你最终想要将孩子培养成一个怎样的成年人。培养孩子的个人价值观,给予孩子足够的鼓励,促进孩子全面发展,避免留下太多的情感创伤。

孩子尚未成熟,在他不能完全理解的事情上,会与你发生很多冲突。处理孩子特别敏感的话题时，你要谨慎。不同年龄段的孩子，对事情的敏感度不同。有些事情，孩子看得比他们的生命还重要。尽管这样的想法很幼稚，但你应该尊重，并给予足够的时间和空间，让孩子成长。

对于在青春期的青少年来说，表面平静并不代表他们内心真的平静。他们可能会瞬间爆发，随后又恢复平静，就好像什么也没发生过一样。有时一句毫不相干的话，他也会认为是在针对自己，从而引起混乱。这时，你要意识到，有时候事情可能并不是表面看起来的那样。

在对孩子进行干预之前，你要想清楚下面这些问题：

1.孩子的问题是什么？这是表面问题还是真实问题？我是否能看懂它？

2.这个问题真的重要吗？值得干预吗？

3.现在就进行干预吗？能等等吗？

4.应该进行多大程度的干预？完全介入还是只需要给出一个提醒？

5.干预过程中,可能会出现什么问题?

6.我应该强调哪些价值观?

7.我的干预措施是否会有效?

8.我希望通过干预达到什么效果?

9.是否可以让其他人来代替我做?

你不要为了干预而干预,不要为了争辩而争辩。当你情绪不稳定时,更不要轻易干预。只有在配合孩子学习自己解决问题时,你才好干预。

论点的力量不在于数量,不在于对错,也不在于你年龄比他大,懂得比他多。孩子不会因为你给出了正确答案和理由,而感激你为他所做的一切。只有当你真正信任他,他也信任你的时候,你才能帮到他。除非你真正了解孩子的想法,否则不要认为你懂孩子。

孩子有时候会把复杂的问题看得很简单,反之亦然。他可能不理解,为什么解决世界上的许多问题如此困难,甚至必须通过国家之间的战争;他相信他和他的同龄人有答案、有方法。

当孩子的大脑开始能够思考一些抽象概念时,

你就要站在孩子的角度来理解问题,用孩子的眼光来看世界。你要随机应变,保持足够的耐心和冷静,等待最合适的时机进行干预。处理问题的关键在于时机,而不是问题本身。

为了与孩子建立相互信任和充满爱的关系,你要下功夫,这样才能保证与孩子的沟通是畅通的。孩子越大,越需要对你有足够的信任,他才会愿意与你分享他的世界。孩子必须相信,你是爱他的,并且值得信任,才会对你敞开心扉。在这个过程中,孩子也学会了如何拥有,并且不辜负这份爱与信任。

第十章
思维模式

孙子对家长说：

地形有通者，有挂者，有支者，有隘者，有险者，有远者。孙子按照地形所具有的天然特点将其分为六种，他认为军队在这六种地形中作战，相应的就应该运用不同的作战原则。

人们的内心也是如此，不同人的思维模式千差万别。当你与孩子的观点产生分歧的时候，了解孩子的思维模式至关重要。你只有了解孩子的思维模式，才能选择正确的引导方法，在保护亲子关系的同时，让孩子从中受益。

理解孩子的思维模式，有助于你决定采用何种策略与孩子沟通。人们的思维可以分为六类：开放、兼容并包的思维模式；网状、布满陷阱的思维模式；于人无益、于己不利的思维模式；狭隘、故步自封的思维模式；危险有害的思维模式；天马行空的思维模式。

1.开放、兼容并包的思维模式。

这种思维模式不设防备，对外界一切信息不加过滤，照单全收。盲从、轻信，听到什么都信以为真。如果家庭是安全和充满爱的，孩子就以为整个世界都是安全和充满爱的。

这种情形下，你能相对比较容易地知道孩子可能会怎么想，只需问问他。孩子也相对容易受到影响，不论是积极的还是消极的。你要非常谨慎，并有效地保护孩子最初的价值体系。

2.网状、布满陷阱的思维模式。

这种思维模式进入很容易，走出则会很困难。孩子的思维可能很复杂且不合逻辑。一旦他相信某些事情是真实的，就很难摆脱这种想法。要使他们改变想法并非易事，你要耐心地了解这些信念形成的背景，以便更好地理解孩子。你想了解他的思维，他只想你陪他聊。对于这种思维模式，你不要急于反对，不要急于向孩子表明什么是对的，什么是错的，什么是真的，什么是假的。使用间接的方法，你才能更有效地帮助孩子改变想法。

3.于人无益、于己不利的思维模式。

进入青春期，孩子开始能够进行抽象思考。他们会把复杂的问题看得非常简单，把简单的问题看得非常复杂。他们会产生不切实际的想法，或者为过去寻找不合逻辑的借口。尽管这些都不是真的，但是他们相信事情就是他们想的这样。

孩子会有一些对他们来说极具挑战性的冒险想法，无论这些想法有多离谱。当孩子选择这些话题与你交流时，你要小心处理。

这些话题，肯定会有一些违背你的价值观，或者被视为"禁忌"，或与其年龄不相宜。这是青少年想要告诉你——现在他可以自己思考，他已经长大了。他们只是为了叛逆而叛逆，对任何人都没有好处。

4.狭隘、故步自封的思维模式。

孩子天生好奇，喜欢提问。这就是他们了解这个世界的方式。从六七岁到十二三岁，孩子的三个基本需求是：

（1）需要知道。

（2）需要成长。

（3）需要有朋友一起成长。

除非，孩子成长在一个被剥夺这些自然需求的环境中，否则，狭隘、故步自封的思维模式不是他们的自然倾向。

当孩子很少有机会接触"成长"，即积累不同的情感体验，并且很少有机会"知道"，即知道自己的内心世界，知道外部的环境，了解什么事情他有能力做到，什么事情他做不到，孩子的思维方式就会倾向于狭隘。除了这两个因素之外，如果孩子周围没有"朋友"来证实他的存在，他的思维模式将会更加固化，近乎封闭。若上述三个自然需求无法被满足，孩子将会在成年后有许多心理问题。

固化思维的形成，源于大多数事情都是别人替他处理。孩子没有太多的机会去经历如何自己解决问题。孩子不需要"动脑"，那么他们怎能不形成狭隘、固化的思维模式呢？

5.危险有害的思维模式。

上述几种基本自然需求没有得到满足，还有可能导致孩子形成危险有害的思维模式。

在青春期，青少年喜欢进行不必要的冒险，目的是向你证明，他们已经长大了，可以独立思考，可以照顾自己，不再需要你密切的监护了。

危险有害的想法还可能来自极端的思维方式。对于大多数处于青春期的青少年来说，世界非黑即白，没有灰色的中间地带。这种逻辑可能来源于早期的家庭养育模式，可能是你坚持认为，孩子要么对，要么错，没有介于两者之间的可能性。

与孩子分享自己的想法时，你要避免在无意

之间，促使孩子形成极端思维。考虑问题，你要从价值观出发，乐观豁达，凡事看到好的一面，把握好度。

6.天马行空的思维模式。

孩子能够进行抽象思考后，他的想法可能会使他过于沉迷于未来或过去，而他自己可能并没有意识到这一点。只要你知道如何引导孩子的思维回到当下，而不是让他觉得自己不对劲，白日梦就有助于形成创新思维。孩子不仅应该学会做梦，还应该在明智的家长的支持下，去追求宏伟的梦想。

如果你意识到孩子的这六种不同的思维模式，将能够使用更有效的方法来影响孩子的想法。你对孩子的任何一次干预，都有可能出现以下六种不同的负面结果：

1.孩子会走开，拒绝继续讨论。

2.孩子完全不尊重你，公然反抗。

3.干预演变成一场公开的争吵。

4. 亲子关系严重受损，孩子恨你。

5. 你和孩子身份逆转，孩子表现得像家长，你表现得像孩子。

6. 你和孩子都不在意这场干预将如何收场，你们都对通过这次交锋产生建设性的结果不抱任何希望。

如果出现这些情况，是你的过错。你如果不了解孩子在想什么，不熟悉孩子的思维模式，没有准备好相应措施就进行干预，那么就是有问题的。

由于思维模式不同，你需要考虑你是否有条件配合孩子成长，并在不破坏亲子关系的情况下帮助孩子克服成长中的困难。

你还需要考虑：

1. 要如何赢得这场与孩子的思维冲突？

2. 是否知道冲突的关键是什么？自己究竟是在与孩子协同作战，还是在跟孩子相互内耗？

3. 可以找谁帮忙？家里有没有其他家庭成员

或者外部资源，能够更好地对孩子进行干预？

以上只是在干预前你需要回答的一些问题。每一种思维模式都既有优点，又有缺点。你在冒险尝试进行干预之前，必须熟悉这些思维模式，才能有效地帮助孩子。在同等条件下，你需要对以下几种情形保持足够的敏感：

1. 当你自己的论点和理由站不住脚，不足以说服孩子时；

2. 当你自己的论点和理由很强，并令人印象深刻，但你的表达方式让孩子无法理解和接受时；

3. 当你与孩子双方或一方不认为摆在眼前的问题重要到需要处理时；

4. 当你出于愤怒、恐惧、面子原因而进行干预，并且在干预过程中情绪变得不稳定，整个过程成了一场灾难时；

5. 在日常相处过程中，你很弱势，孩子始终处于主导地位，干预从一开始就注定不会取得任何进展时；

6.当你不理解孩子的想法,盲目干预时。

当发生上述任何一种情况时,你试图改变孩子不恰当的想法,过程将不会容易。需要有足够的证据来证明他错了,并且必须有足够的动力,孩子才能改变他原来的想法。

你和孩子之间,存在有效的精神层面的交流,对孩子的成功发展至关重要。对这点充分了解的家长肯定会赢,没有这方面意识的家长肯定不会成功。

你用心养育孩子不是为了自己的面子。当孩子没有达到你的期望时,你也不会觉得丢失颜面。你养育孩子唯一的目的在于配合孩子全面发展,让孩子长成一个身心健康快乐的成年人,造福社会,造福人类。能这样想的家长,就像皇冠上的珠宝,是非常难能可贵的。

那些懂得在孩子的思维模式和价值观上下功夫的家长,绝对不会失败,他们的方法和策略变化无穷。

知己知彼，百战不殆。既了解孩子，又了解自己的家长，胜利无虞。你知道孩子在不同年龄阶段有不同需求和不同思维模式，理解孩子的想法，并且知道如何满足孩子每个成长阶段的需求，就将会和孩子一起取得胜利！

第十一章
九地应变

孙子对家长说：

"用兵之法，有散地，有轻地，有争地，有交地，有衢地，有重地，有圮地，有围地，有死地。"因为战略位置和条件的不同，用兵的地形对作战产生不同的影响。用兵的地形有九种。

做孩子的思想工作同样是一门应变的艺术。应对你的干预，孩子至少会有九种不同反应。数字九也意味着无穷。

孩子的反应是被动的，反应类型取决于以下

因素：

1. 孩子的年龄及思想成熟度。

2. 孩子与你之间的关系有多好或是有多紧张。

3. 孩子对你是否信任，以及信任程度有多深。

4. 你和孩子的情绪稳定程度以及家长心理需求的清晰程度。

5. 你和孩子沟通的环境和时机。

6. 你与孩子探讨的议题内容是否一致，以及讨论问题时双方的角色和状态。

因为孩子可能的反应是不可预测、多样化的，所以整个家庭必须团结在主要教育者身后。每个家庭成员都有一个特定的角色，大家清楚每个人的分工，家庭文化与教育目标要一致。

对于青春期的孩子来说，他的情绪反应和爆发更加不可预测，也更难理解和处理。他们对隐私的敏感性，是绝大多数家长都无法理解的。以下问题可能被视为是对他隐私的侵犯，你被禁止知道，特别是在亲子关系紧张的情况下：

1. 他在学校里的朋友是谁，他喜欢或不喜欢谁。

2. 他在学校里是如何面对压力的，他是否吃得好、睡得好。

3. 他最喜欢的网站是什么，他和他的朋友们在玩什么电子游戏。

4. 考试后有什么计划，打算考哪所大学、什么专业等等。

虽然这些都是你所关心的、相对简单和普遍的问题，但孩子可能把你打听这些情况视为是对他隐私的侵犯。你提出一个简单的问题，都有可能触发一个青春期孩子强烈的反应。比如"想要去理发吗？"

"怎么，你觉得我不知道要如何照顾好自己吗？"

"你从不信任我，对吧？你还认为我不知道是否应该去理发，我需要你提醒我吗？"

孙子曰："用兵之法，有散地，有轻地，有争地，有交地，有衢地，有重地，有圮地，有围地，有死地。"因此，就像战场上形势会随时发生变化一样,你与孩子互动时,孩子可能会出现至少九种不同的反应状态,你要随机应变。

(一)散地不战

散地不战,敌方打到家门口,我们不跟他正面交战。

在干预过程中,你与孩子之间角色发生了转换。孩子处于家长的角色,在互动中占主导地位,孩子教你如何做家长;或者孩子在父母一方面前,说另外一方的坏话,或挑拨父母之间的矛盾,来获得更多的空间。

在这些情况下,你应该停止与他互动,另外再找时间进行干预。可能的话,换一位家长介入来帮助孩子。

(二)轻地追击

轻地,在兵家而言是指当我们侵入到敌国的境内,但是进入得还不够深,刚进去不远的地方。孙子说:"轻地则无止。"无止就是不要停止,要继续挺进。

在孩子的有效发展中，轻地是指你在说服孩子方面取得的进展甚微，只是在孩子的行为上下功夫，忽视了去做他的思想工作，没有改变他的思维方式和价值观。在这种情况下，你不应该半途而废，只是做表面工作。你要具备一套方法，进一步做好孩子的思想工作，才有可能真正改变他的行为。

你要让孩子认识到价值观的重要性，并让孩子将这些视为自己的个人素养，学会用这套标准来解决成长中的问题，让这套价值观成为他性格和个性中的一部分。

（三）争地先入为主

在战争中，"争地"是兵家必争之地，谁先占有，谁就处于有利位置。这是有能力的将帅和他的整个军队想要抢先到达的地方。他不会浪费太多时间在路途上，速度对他来说很重要，率先到达与否将决定成败。

在孩子的整个培养过程中，你必须始终牢记孩子有效发展的终极目标。你最终想要培养一个怎样的成年人，他要具备哪些条件才能合格，这是你的"争地"。

如果你想要培养的是一个拥有良好的品行、正确的价值观、领导力、诚实自信，等待着迎接社会挑战的20多岁的健康快乐的年轻人，你就应该搞清楚你需要在他的成长过程中提供哪些支持。

即使孩子到了这个年龄，没有取得相应的学历，他仍然可以成功。因为尽管学历很重要，但学历与生活成功与否并没有必然的联系。孩子清楚生活中什么重要，有一个高价值的目标，并为实现目标而努力，利于他人，将被视为成功。孩子了解自身的优势，并学习如何将这些优势最大化，使自己对他人有价值，这些品质和其他书面文凭一样重要。

如果这些是你最终想要的结果，那就不要在琐事上浪费太多的时间和精力，而是在他的内在价值体系上下功夫，这才是你的"必争之地"。

（四）交地防御

交地，是指一类平坦开阔、没有自然屏障的地方。遇到这种地形，将帅要确保军队紧密地集结在一起，避免被分割，这是正确的战争策略。

在孩子的价值观形成之前，他是开放的，所有信息都会被自然接受。孩子处于这样的状态时，你需要注意帮他防御。你要帮助孩子建立核心价值观，并让他有丰富的经验去建立防御机制。

随着年龄的增长，孩子最终会离开舒适安全的家，进入这个世界去冒险。世界对他来说是开放的，他将受到来自外部环境的诸多影响，包括正面的和负面的。孩子是否能够保护好自己，取决于他在家里是否训练有素，让自己免受伤害。他要知道如何选择朋友，应该相信什么，不应该相信什么；能分辨基本的对与错、是与非；清楚什么是合适的，什么是不合适的……所有这些都取决于他选择接受的价值体系，这可以帮助他对外界信息进行甄别和筛选。

积累丰富的经验对孩子来说是很重要的,发展他的心理和身体技能、社交和情绪管理技能也至关重要,他解决问题的能力和领导力同样重要。这些都将成为他性格和个性的一部分。

这些都是在孩子出去冒险之前,你应该为他装备的防御机制。

(五)衢地结盟

衢地,是多国交界的地方。在战场中,遇到这种地形,将帅要考虑与第三方结盟,才能赢得战争。

家庭、学校、社交圈等因素,会影响孩子的价值观,这是他们成长中遇到的"衢地"环境。为了最大程度地利用好"衢地",你要选择与人结盟,形成合力,助力孩子有效发展。对于如何选择与第三方结盟,建立更有效的联盟,你要思考以下问题:

1.在家庭成员中,谁跟孩子的关系更好?

2.在孩子的老师中,孩子更喜欢谁?在孩子的朋友们中,他现在跟谁更亲近?

3.他跟谁有相同的兴趣爱好,跟谁有相同的愿望?

4.你认识孩子的朋友们吗?他们会接受你吗?

5.与孩子朋友们的盟友关系产生效果,需要多长时间?

6.要建立这样的联盟,你与孩子的朋友们需要进行多少次直接或间接的接触,才是合适的和有效的?

7.你有多少把握,孩子不会破坏这样的联盟?

(六)重地迂回

在战争中,有些地方很容易进入,但很难走出,这就是重地。这些地方粮草运输不进来,军队必须从当地掠夺物资,才能生存。

在成长过程中,孩子会有一些让你完全无法接受的想法,如果你直接推翻,双方会僵持在这里。这种情形就是教育中的"重地"。如果你和孩子都没有让步的迹象,就会对本已脆弱的关系造成更大的伤害。这时，你可以考虑以退为进，在这些问题上做出适当让步，但此时的让步并不意味着在价值观或原则上进行妥协。

有时候，你不接受孩子的某些想法，是担心这些想法会给孩子带来不好的影响，但你担心的结果不一定会发生。你对这些想法的恐惧，也许仅仅只是恐惧，并不真实存在。这时，你不要急于推翻孩子的想法，而是先鼓励孩子更详细地表达自己的观点，以便更好地理解孩子，接受孩子想法中合理的部分，这样可以把关系僵持的压力降到最低。

你站在孩子的视角来看问题，认同孩子想法中可接受的部分，会让孩子卸下防备，有更多的可能性理解和认同你。这时，你在细节上下功夫，再找足够有说服力的论据，让孩子更全面地审视他自己的想法，发现想法中不合理的部分，从而自己推翻自己。以迂为直，是一门艺术。

只有当孩子意识到他想法中的错误，才有可能真正转变想法。当孩子有错误的想法时，你一定不要谴责,怀着真诚的心,以退为进,更能帮助孩子。

(七)圮地并战

圮地,充满了洼地、沼泽等障碍,军队很难推进。但这时,不管有多困难,军队都需要奋力前行,快速移动和撤离。

在孩子发展的过程中,你们也会遇到相同的情形。当孩子进入青春期的时候,来自同龄人和朋友的影响,会超过来自你和家庭成员的影响。这是很正常的现象,也是孩子成长的必经之路,你要学会接受这一点。

当然,孩子的同龄人和朋友会带给他一些让你难以理解或接受的思想。在这种情况下,你试图推翻孩子每一个不恰当的想法或行为,是不可取的。

你不要急于介入,不要让孩子认为他的一切想法和行为都是错的。毕竟,在孩子的世界里,几乎每个人都有与他相同的想法与行为,怎么可能整个世界都是错的呢?你要信任孩子,给他时间去成长。随着孩子慢慢成熟,他的想法会发生变化。

你要注意观察和倾听。聆听孩子不同的想法,是理解孩子思想的最好方式。青春期的快速发展,带给了孩子足够大的压力,你要帮助孩子顺利度过这个阶段。以患为利,你在孩子身边,陪伴他一起跨越这段路上的障碍,你们之间会有一段持续终生、牢不可破的关系。

(八)围地则谋

所谓围地,其特征是进去的道路很狭窄,而回来的道路却迂回、曲折和遥远。部队进入围地后,很容易被包围、分割,不容易走出去,又很容易被伏击,敌人用很少的兵力就能击败你,因此将领必须想办法突围。

你与孩子之间可能会形成两种不同的围地。如果你思维固化,就很容易被孩子掌握主动权,这时你可能经常会陷入孩子设计的围地。如果你过于强势，也会无意间让孩子陷入围地，让孩子无法走出。

与通过衢地和圮地的战略相同，你需要有更多的耐心，更了解孩子的思维，还要具备足够的弹性和变化，才能走出围地。这时，你需要思考自己的思维方式和价值体系是否需要改变，是否还符合时宜。

"改变自己的想法"，能让你更快地走出围地。想要帮助孩子成长，你需要有改变自己的智慧与勇气。

（九）死地则战

一旦进入死地，军队将不得不鼓起他们所有的勇气奋力一搏，要么胜利生存，要么拼搏至死。

在孩子发展的过程中，也会出现这样的情形：这些问题通常非常重要，涉及个人的价值观和原则。这时，你需要坚持原则，毫不妥协地要求孩子。

你不要误认为，以上这些问题仅仅存在于干

预孩子的过程中。大多数时候，关于孩子的发展方向、方法和目标，你和其他家庭成员之间也会产生分歧。

　　你还需要提醒自己，要审视自己的原则和价值观。并不是你信以为真的事情，都是以原则为中心，不要把"以自我为中心"误认为是"原则"的一部分。

　　九种变化和九种不同区域可以同时共存，在一种变化中可能会有多个区域存在。一种独立区域，也可能具备两种或三种其他不同的变化属性。因此，情况很复杂，你需要随机应变，精通直接和间接干预的方法、常规和非常规的干预策略。

　　通常，你进行干预之前，先要让孩子认同你、信任你，他才会接受你的建议。在表明自己的立场之前，你需要先尽力了解孩子的立场。每当孩子取得一点进展的时候，就和孩子一起庆祝，这样，孩子就会有足够的信心和动力去改变自己。

　　你可能已经储备了充足的知识和技能，来帮助孩子习得良好的思维方式和解决问题的技能。

除此之外，你还需要明白，孩子还没有完全成熟，他需要你的爱。即便他的思想和行为可能不合适，他也需要感受到被保护和被爱。

孩子绝对不是敌人，也不要让孩子觉得他是你的敌人。应对复杂多变的情况，你与孩子的每一次接触都要带着爱，因利制权，运用灵活的方法，你才会取得胜利！

第十二章
浴火重生

孙子对家长说:

为了让孩子健康快乐地成长,你需要打破孩子心中的五种信念:

1. 自己不够好,所以家长不爱自己、不支持自己。

2. 自己不可靠,因为家长总是纠正自己的想法与行为。

3. 自己只有缺点没有优点,一无是处。

4. 自己永远无法成功,永远也满足不了家长的期待。

5. 自己无法让这个世界变得更好——因为自己出身贫寒，不够有钱，文化程度低，没有能力，身份卑微，不够受欢迎，或者身体残疾等。

以上五种信念需要被摧毁。要想有效地打破这些信念，你必须具备足够的条件，足够灵活，对孩子足够信任，并与孩子保持非常密切的关系。你还要保持冷静，细致观察，理解孩子的想法，才能想出正确的方法来帮助他。

在这个过程中，你需要巩固孩子取得的每一个小成就。孩子必须知道：沿途的风景和最终的目的地一样重要，才有动力持续前行。

你要避免犯以下五点错误：

1. 不断提醒孩子他有多么愚蠢，他是多么无用。

2. 反复强调孩子过去的失败和缺点，而忽略孩子的成功和优点。

3. 经常拿孩子和别人进行比较，其他人做得有多好，你对孩子有多么失望。

4.经常提醒孩子,如果他不改进,未来就没有希望。

5.经常向孩子传递你为他付出了那么多,而没有得到任何回报;无意识地告诉孩子,你对他的爱是有条件的。

这些错误对家长不利。你的愤怒会平息,你的情绪会恢复正常,你挑剔错误的急切心情会放缓,但你犯的错对孩子造成的伤害、对你们亲子关系造成的破坏,可能需要孩子用一生的时间来治愈和弥合。

因此,整个家庭必须非常谨慎地对待养育孩子这件事情,你必须意识到哪些行为是无效的和具有破坏性的。这是保护孩子身心安全健康的方法。

第十三章
资源整合

孙子对家长说:

正如我前面所提到的,孩子的顺利成长是一场任何父母与家庭都输不起的"战争"。你不能拿孩子的未来——他之后的成年生活和他的家庭做赌注。如果不成功,三代人的幸福与繁荣都会岌岌可危,败在你手上。

为确保成功,你必须真正有效地理解孩子是怎样想的,这需要依靠前瞻性信息。要帮到孩子,你必须在事情发生之前就知道可能会发生什么,这就是先见之明。

前瞻性信息不能来自揣测，不能来自舆论，也不能来自其他家长，必须来自那些了解孩子的人，跟孩子走得近的人，以及那些知道孩子在想什么的人。

除了前面在衢地中所提到的内容之外，还有五类人可以提供前瞻性信息来帮助你了解孩子。他们可以是孩子的朋友，甚至可以是陌生人，只要你懂得如何善用人际关系，就能通过他们，收集到非常有价值的信息。

1. 那些在学业上非常出色，在其他方面都很突出，健康快乐的人，他们是怎么做到的？

2. 那些擅长玩电子游戏，不完成学校作业，仍能在学业上脱颖而出的人，他们的秘密是什么？

3. 那些"问题小孩"，有些甚至需要接受心理辅导，曾经让家长和老师无比头疼，但现在却完全"转变"了，做得非常好，他们是怎样改过来的？

4. 那些从未真正成功过，没有做出任何成就的人，却一直在继续奋斗，永不言弃，始终葆有希望，是什么给了他们继续下去的勇气和力量？

5.有些人有能力做得很好，头脑很聪明，也一度非常努力，只要他们想，就可以取得成功，但他们现在得过且过，缺乏动力，拒绝重新振作，究竟发生了什么？

你需要知道如何与这五类人建立起联系，并且与他们保持友好信任的关系，他们提供的前瞻性信息对于帮助孩子成长至关重要。掌握了这些信息，你必须知道如何正向有效地使用它们。你获取这些信息不是为了打击孩子，不是为了威胁孩子，也不是因为过于担心孩子。

因此，那些具有远见卓识、懂得善用这些信息的家长，一定会成功。

有效教育下一代，对国、对家、对孩子都至关重要，关系到国家的兴衰、家庭的幸福和个人的成败。

《孙子兵法》原文

（一）《计篇》

孙子曰：兵者，国之大事，死生之地，存亡之道，不可不察也。

故经之以五事，校之以计，而索其情。一曰道，二曰天，三曰地，四曰将，五曰法。道者，令民与上同意也，故可以与之死，可以与之生，而不畏危也。天者，阴阳、寒暑、时制也。地者，远近、险易、广狭、死生也。将者，智、信、仁、勇、严也。法者，曲制、官道、主用也。凡此五者，将莫不闻，知之者胜，不知者不胜。故校之以计而索其情，曰：主孰有道？将孰有能？天地孰得？法令孰行？兵众孰强？士卒孰练？赏罚孰明?吾以此知胜负矣。

将听吾计,用之必胜,留之;将不听吾计,用之必败,去之。计利以听,乃为之势,以佐其外。势者,因利而制权也。兵者,诡道也。故能而示之不能,用而示之不用,近而示之远,远而示之近。利而诱之,乱而取之,实而备之,强而避之,怒而挠之,卑而骄之,佚而劳之,亲而离之。攻其无备,出其不意。此兵家之胜,不可先传也。

夫未战而庙算胜者,得算多也;未战而庙算不胜者,得算少也。多算胜,少算不胜,而况于无算乎!吾于此观之,胜负见矣。

(二)《作战篇》

孙子曰:凡用兵之法,驰车千驷,革车千乘,带甲十万,千里馈粮,则内外之费,宾客之用,胶漆之材,车甲之奉,日费千金,然后十万之师举矣。

其用战也胜,久则钝兵挫锐,攻城则力屈,

久暴师则国用不足。夫钝兵挫锐，屈力殚货，则诸侯乘其弊而起，虽有智者，不能善其后矣。故兵闻拙速，未睹巧之久也。夫兵久而国利者，未之有也。故不尽知用兵之害者，则不能尽知用兵之利也。

善用兵者，役不再籍，粮不三载；取用于国，因粮于敌，故军食可足也。

国之贫于师者远输，远输则百姓贫；近师者贵卖，贵卖则百姓财竭，财竭则急于丘役。力屈财殚，中原内虚于家。百姓之费，十去其七；公家之费，破车罢马，甲胄矢弩，戟楯蔽橹，丘牛大车，十去其六。

故智将务食于敌，食敌一钟，当吾二十钟；䓞秆一石，当吾二十石。故杀敌者，怒也；取敌之利者，货也。故车战，得车十乘以上，赏其先得者，而更其旌旗，车杂而乘之，卒善而养之，是谓胜敌而益强。故兵贵胜，不贵久。故知兵之将，生民之司命，国家安危之主也。

（三）《谋攻篇》

孙子曰：凡用兵之法，全国为上，破国次之；全军为上，破军次之；全旅为上，破旅次之；全卒为上，破卒次之；全伍为上，破伍次之。是故百战百胜，非善之善者也；不战而屈人之兵，善之善者也。

故上兵伐谋，其次伐交，其次伐兵，其下攻城。攻城之法，为不得已，修橹轒辒，具器械，三月而后成，距闉，又三月而后已。将不胜其忿而蚁附之，杀士卒三分之一，而城不拔者，此攻之灾也。

故善用兵者，屈人之兵而非战也，拔人之城而非攻也，毁人之国而非久也。

必以全争于天下，故兵不顿而利可全，此谋攻之法也。

故用兵之法，十则围之，五则攻之，倍则分之，敌则能战之，少则能守之，不若则能避之。故小敌之坚，大敌之擒也。

夫将者，国之辅也，辅周则国必强，辅隙则国必弱。

故军之所以患于君者三：不知军之不可以进，而谓之进；不知军之不可以退，而谓之退，是谓縻军。不知三军之事，而同三军之政者，则军士惑矣。不知三军之权，而同三军之任，则军士疑矣。三军既惑且疑，则诸侯之难至矣，是谓乱军引胜。

故知胜有五：知可以战与不可以战者胜，识众寡之用者胜，上下同欲者胜，以虞待不虞者胜，将能而君不御者胜。此五者，知胜之道也。

故曰：知彼知己者，百战不殆；不知彼而知己，一胜一负；不知彼不知己，每战必败。

（四）《军形篇》

孙子曰：昔之善战者，先为不可胜，以待敌之可胜。不可胜在己，可胜在敌。

故善战者，能为不可胜，不能使敌之必可胜。故曰：胜可知，而不可为。不可胜者，守也；可胜者，攻也。守则不足，攻则有余。善守者，藏于九地之下；善攻者，动于九天之上，故能自保而全胜也。

见胜不过众人之所知，非善之善者也；战胜而天下曰善，非善之善者也。故举秋毫不为多力，见日月不为明目，闻雷霆不为聪耳。古之所谓善战者，胜于易胜者也。故善战者之胜也，无智名，无勇功，故其战胜不忒。不忒者，其所措胜，胜已败者也。故善战者，立于不败之地，而不失敌之败也。是故胜兵先胜而后求战，败兵先战而后求胜。善用兵者，修道而保法，故能为胜败之政。

兵法：一曰度，二曰量，三曰数，四曰称，五曰胜。地生度，度生量，量生数，数生称，称生胜。

故胜兵若以镒称铢，败兵若以铢称镒。胜者之战民也，若决积水于千仞之溪者，形也。

（五）《兵势篇》

孙子曰：凡治众如治寡，分数是也；斗众如

斗寡，形名是也；三军之众，可使必受敌而无败者，奇正是也；兵之所加，如以碫投卵者，虚实是也。

凡战者，以正合，以奇胜。故善出奇者，无穷如天地，不竭如江海。终而复始，日月是也；死而复生，四时是也。声不过五，五声之变，不可胜听也；色不过五，五色之变，不可胜观也；味不过五，五味之变，不可胜尝也；战势不过奇正，奇正之变，不可胜穷也。奇正相生，如循环之无端，孰能穷之哉？

激水之疾，至于漂石者，势也；鸷鸟之疾，至于毁折者，节也。是故善战者，其势险，其节短。势如彍弩，节如发机。纷纷纭纭，斗乱而不可乱；浑浑沌沌，形圆而不可败。

乱生于治，怯生于勇，弱生于强。治乱，数也；勇怯，势也；强弱，形也。

故善动敌者，形之，敌必从之；予之，敌必取之。以利动之，以卒待之。

故善战者，求之于势，不责于人，故能择人

而任势。任势者，其战人也，如转木石。木石之性，安则静，危则动，方则止，圆则行。故善战人之势，如转圆石于千仞之山者，势也。

（六）《虚实篇》

孙子曰：凡先处战地而待敌者佚，后处战地而趋战者劳。故善战者，致人而不致于人。

能使敌人自至者，利之也；能使敌人不得至者，害之也。故敌佚能劳之，饱能饥之，安能动之。出其所不趋，趋其所不意。行千里而不劳者，行于无人之地也。攻而必取者，攻其所不守也；守而必固者，守其所不攻也。故善攻者，敌不知其所守；善守者，敌不知其所攻。微乎微乎，至于无形；神乎神乎，至于无声，故能为敌之司命。

进而不可御者，冲其虚也；退而不可追者，速而不可及也。故我欲战，敌虽高垒深沟，不得不与我战者，攻其所必救也；我不欲战，虽画地而守之，敌不得与我战者，乖其所之也。

故形人而我无形，则我专而敌分。我专为一，敌分为十，是以十攻其一也，则我众敌寡。能以众击寡者，则吾之所与战者，约矣。吾所与战之地不可知，不可知则敌所备者多；敌所备者多，则吾所与战者寡矣。故备前则后寡，备后则前寡；备左则右寡，备右则左寡；无所不备，则无所不寡。寡者，备人者也；众者，使人备己者也。

故知战之地，知战之日，则可千里而会战。不知战地，不知战日，则左不能救右，右不能救左，前不能救后，后不能救前，而况远者数十里，近者数里乎？

以吴度之，越人之兵虽多，亦奚益于胜败哉？故曰：胜可为也。敌虽众，可使无斗。

故策之而知得失之计，作之而知动静之理，形之而知死生之地，角之而知有余不足之处。

故形兵之极，至于无形。无形，则深间不能窥，智者不能谋。因形而措胜于众，众不能知。人皆知我所以胜之形，而莫知吾所以制胜之形。故其战胜不复，而应形于无穷。

夫兵形象水，水之形，避高而趋下；兵之形，避实而击虚。水因地而制流，兵因敌而制胜。故兵无常势，水无常形，能因敌变化而取胜者，谓之神。故五行无常胜，四时无常位，日有短长，月有死生。

（七）《军争篇》

孙子曰：凡用兵之法，将受命于君，合军聚众，交和而舍，莫难于军争。军争之难者，以迂为直，以患为利。故迂其途，而诱之以利，后人发，先人至，此知迂直之计者也。

故军争为利，军争为危。举军而争利，则不及；委军而争利，则辎重捐。是故卷甲而趋，日夜不处，倍道兼行，百里而争利，则擒三将军。劲者先，疲者后，其法十一而至。五十里而争利，则蹶上将军，其法半至；三十里而争利，则三分之二至。是故军无辎重则亡，无粮食则亡，无委积则亡。

故不知诸侯之谋者，不能豫交；不知山林、险阻、沮泽之形者，不能行军；不用乡导者，不能得地利。

故兵以诈立，以利动，以分合为变者也。故其疾如风，其徐如林，侵掠如火，不动如山，难知如阴，动如雷震。掠乡分众，廓地分利，悬权而动。先知迂直之计者胜，此军争之法也。

《军政》曰："言不相闻，故为之金鼓；视不相见，故为之旌旗。"夫金鼓、旌旗者，所以一人之耳目也。人既专一，则勇者不得独进，怯者不得独退，此用众之法也。故夜战多金鼓，昼战多旌旗，所以变人之耳目也。

三军可夺气，将军可夺心。是故朝气锐，昼气惰，暮气归。善用兵者，避其锐气，击其惰归，此治气者也。以治待乱，以静待哗，此治心者也。以近待远，以佚待劳，以饱待饥，此治力者也。无邀正正之旗，无击堂堂之阵，此治变者也。

故用兵之法，高陵勿向，背丘勿逆，佯北勿从，锐卒勿攻，饵兵勿食，归师勿遏，围师遗阙，穷寇勿迫，此用兵之法也。

（八）《九变篇》

孙子曰：凡用兵之法，将受命于君，合军聚众。圮地无舍，衢地合交，绝地无留，围地则谋，死地则战。途有所不由，军有所不击，城有所不攻，地有所不争，君命有所不受。故将通于九变之地利者，知用兵矣。将不通于九变之利，虽知地形，不能得地之利矣。治兵不知九变之术，虽知五利，不能得人之用矣。

是故智者之虑，必杂于利害。杂于利，而务可信也；杂于害，而患可解也。

是故屈诸侯者以害，役诸侯者以业，趋诸侯者以利。

故用兵之法，无恃其不来，恃吾有以待也；无恃其不攻，恃吾有所不可攻也。

故将有五危：必死可杀，必生可虏，忿速可侮，廉洁可辱，爱民可烦。凡此五者，将之过也，用兵之灾也。覆军杀将，必以五危，不可不察也。

（九）《行军篇》

孙子曰：凡处军相敌，绝山依谷，视生处高，战隆无登，此处山之军也。绝水必远水，客绝水而来，勿迎之于水内，令半济而击之，利；欲战者，无附于水而迎客；视生处高，无迎水流，此处水上之军也。绝斥泽，唯亟去无留。若交军于斥泽之中，必依水草而背众树，此处斥泽之军也。平陆处易，右背高，前死后生，此处平陆之军也。凡此四军之利，黄帝之所以胜四帝也。

凡军好高而恶下，贵阳而贱阴，养生处实，军无百疾，是谓必胜。丘陵堤防，必处其阳，而右背之。此兵之利，地之助也。上雨，水沫至，欲涉者，待其定也。凡地，有绝涧、天井、天牢、天罗、天陷、天隙，必亟去之，勿近也。吾远之，敌近之；吾迎之，敌背之。军行有险阻、潢井、葭苇、山林、翳荟者，必谨覆索之，此伏奸之所处也。

敌近而静者，恃其险也；远而挑战者，欲人

之进也;其所居易者,利也;众树动者,来也;众草多障者,疑也;鸟起者,伏也;兽骇者,覆也;尘高而锐者,车来也;卑而广者,徒来也;散而条达者,樵采也;少而往来者,营军也。

辞卑而益备者,进也;辞强而进驱者,退也;轻车先出居其侧者,阵也;无约而请和者,谋也;奔走而陈兵者,期也;半进半退者,诱也。杖而立者,饥也;汲而先饮者,渴也;见利而不进者,劳也;鸟集者,虚也;夜呼者,恐也;军扰者,将不重也;旌旗动者,乱也;吏怒者,倦也;杀马肉食者,军无粮也;悬缻不返其舍者,穷寇也;谆谆翕翕,徐与人言者,失众也;数赏者,窘也;数罚者,困也;先暴而后畏其众者,不精之至也;来委谢者,欲休息也;兵怒而相迎,久而不合,又不相去,必谨察之。

兵非多益也,惟无武进,足以并力、料敌、取人而已。夫惟无虑而易敌者,必擒于人。

卒未亲附而罚之则不服,不服则难用也;卒已亲附而罚不行,则不可用也。故令之以文,齐之以武，是谓必取。令素行以教其民，则民服；令不素行以教其民，则民不服。令素行者，与众相得也。

(十)《地形篇》

孙子曰：地形有通者，有挂者，有支者，有隘者，有险者，有远者。我可以往，彼可以来，曰通。通形者，先居高阳，利粮道，以战则利。可以往，难以返，曰挂。挂形者，敌无备，出而胜之；敌若有备，出而不胜，难以返，不利。我出而不利，彼出而不利，曰支。支形者，敌虽利我，我无出也；引而去之，令敌半出而击之，利。隘形者，我先居之，必盈之以待敌；若敌先居之，盈而勿从，不盈而从之。险形者，我先居之，必居高阳以待敌；若敌先居之，引而去之，勿从也。远形者，势均难以挑战，战而不利。凡此六者，地之道也，将之至任，不可不察也。

故兵有走者，有弛者，有陷者，有崩者，有乱者，有北者。凡此六者，非天地之灾，将之过也。夫势均，以一击十，曰走。卒强吏弱，曰弛。吏强卒弱，曰陷。大吏怒而不服，遇敌怼而自战，将不知其能，曰崩。将弱不严，教道不明，吏卒无常，陈兵纵横，曰乱。将不能料敌，以少合众，以弱击强，兵无选锋，曰北。凡此六者，败之道也，将之至任，不可不察也。

夫地形者，兵之助也。料敌制胜，计险厄远近，上将之道也。知此而用战者必胜，不知此而用战者必败。故战道必胜，主曰无战，必战可也；战道不胜，主曰必战，无战可也。故进不求名，退不避罪，惟民是保，而利合于主，国之宝也。

视卒如婴儿，故可与之赴深溪；视卒如爱子，故可与之俱死。厚而不能使，爱而不能令，乱而不能治，譬若骄子，不可用也。

知吾卒之可以击，而不知敌之不可击，胜之半也；知敌之可击，而不知吾卒之不可以击，胜之半也；知敌之可击，知吾卒之可以击，而不知地形之不可以战，胜之半也。故知兵者，动而不迷，举而不穷。故曰：知彼知己，胜乃不殆；知天知地，胜乃可全。

(十一)《九地篇》

孙子曰：用兵之法，有散地，有轻地，有争地，有交地，有衢地，有重地，有圮地，有围地，有死地。诸侯自战其地者，为散地；入人之地而不深者，为轻地；我得则利，彼得亦利者，为争地；我可以往，彼可以来者，为交地；诸侯之地三属，先至而得天下之众者，为衢地；入人之地深，背城邑多者，为重地；山林、险阻、沮泽，凡难行之道者，为圮地；所由入者隘，所从归者迂，彼寡可以击吾之众者，为围地；疾战则存，不疾战则亡者，为死地。是故散地则无战，轻地则无止，争地则无攻，交地则无绝，衢地则合交，重地则掠，圮地则行，围地则谋，死地则战。

所谓古之善用兵者，能使敌人前后不相及，众寡不相恃，贵贱不相救，上下不相收，卒离而不集，兵合而不齐。合于利而动，不合于利而止。敢问："敌众整而将来，待之若何？"曰："先夺其所爱，则听矣。"兵之情主速，乘人之不及，由不虞之道，攻其所不戒也。

凡为客之道：深入则专，主人不克；掠于饶野，三军足食；谨养而勿劳，并气积力；运兵计谋，为不可测。投之无所往，死且不北。死焉不得，士人尽力。兵士甚陷则不惧，无所往则固，入深则拘，不得已则斗。是故其兵不修而戒，不求而得，不约而亲，不令而信，禁祥去疑，至死无所之。吾士无余财，非恶货也；无余命，非恶寿也。令发之日，士卒坐者涕沾襟，偃卧者涕交颐，投之无所往，诸、刿之勇也。

故善用兵者，譬如率然。率然者，常山之蛇也。击其首则尾至，击其尾则首至，击其中则首尾俱至。敢问："兵可使如率然乎？"曰："可。"夫吴人与越人相恶也，当其同舟而济而遇风，其相救也如左右手。是故方马埋轮，未足恃也；齐勇若一，政之道也；刚柔皆得，地之理也。故善用兵者，携手若使一人，不得已也。

将军之事，静以幽，正以治。能愚士卒之耳

目，使之无知；易其事，革其谋，使人无识；易其居，迁其途，使人不得虑。帅与之期，如登高而去其梯；帅与之深入诸侯之地，而发其机。若驱群羊，驱而往，驱而来，莫知所之。聚三军之众，投之于险，此谓将军之事也。九地之变，屈伸之利，人情之理，不可不察也。

凡为客之道，深则专，浅则散。去国越境而师者，绝地也；四通者，衢地也；入深者，重地也；入浅者，轻地也；背固前隘者，围地也；无所往者，死地也。是故散地，吾将一其志；轻地，吾将使之属；争地，吾将趋其后；交地，吾将谨其守；衢地，吾将固其结；重地，吾将继其食；圮地，吾将进其途；围地，吾将塞其阙；死地，吾将示之以不活。故兵之情，围则御，不得已则斗，过则从。

是故不知诸侯之谋者，不能豫交；不知山林、险阻、沮泽之形者，不能行军；不用乡导者，不能得地利。四五者不知一，非霸王之兵也。夫霸王之兵，伐大国，则其众不得聚；威加于敌，则其交不得合。是故不争天下之交，不养天下之权，信己之私，威加于敌，故其城可拔，其国可隳。施无法之赏，悬无政之令，犯三军之众，若使一人。犯之以事，勿告以言；犯之以利，勿告以害。投之亡地然后存，陷之死地然后生。夫众陷于害，然后能为胜败。故为兵之事，在于顺详敌之意，并敌一向，千里杀将，是谓巧能成事也。

是故政举之日，夷关折符，无通其使，厉于廊庙之上，以诛其事。敌人开阖，必亟入之。先其所爱，微与之期。践墨随敌，以决战事。是故始如处女，敌人开户；后如脱兔，敌不及拒。

（十二）《火攻篇》

孙子曰：凡火攻有五，一曰火人，二曰火积，三曰火辎，四曰火库，五曰火队。行火必有因，烟火必素具。发火有时，起火有日。时者，天之燥也；日者，月在箕、壁、翼、轸也，凡此四宿者，风起之日也。

凡火攻，必因五火之变而应之。火发于内，

则早应之于外。火发而兵静者,待而勿攻。极其火力,可从而从之,不可从而止。火可发于外,无待于内,以时发之。火发上风,无攻下风。昼风久,夜风止。凡军必知有五火之变,以数守之。

　　故以火佐攻者明,以水佐攻者强。水可以绝,不可以夺。

　　夫战胜攻取,而不修其功者,凶,命曰"费留"。故曰:明主虑之,良将修之。非利不动,非得不用,非危不战。主不可以怒而兴师,将不可以愠而致战。合于利而动,不合于利而止。怒可以复喜,愠可以复悦,亡国不可以复存,死者不可以复生。故明君慎之,良将警之,此安国全军之道也。

　　(十三)《用间篇》

　　孙子曰:凡兴师十万,出征千里,百姓之费,公家之奉,日费千金;内外骚动,怠于道路,不得操事者,七十万家。相守数年,以争一日之胜,而爱爵禄百金,不知敌之情者,不仁之至也,非民之将也，非主之佐也，非胜之主也。故明君贤将，所以动而胜人，成功出于众者，先知也。先知者，不可取于鬼神，不可象于事，不可验于度，必取于人，知敌之情者也。

故用间有五：有乡间，有内间，有反间，有死间，有生间。五间俱起，莫知其道，是谓神纪，人君之宝也。乡间者，因其乡人而用之；内间者，因其官人而用之；反间者，因其敌间而用之；死间者，为诳事于外，令吾间知之，而传于敌间也；生间者，反报也。

故三军之事，莫亲于间，赏莫厚于间，事莫密于间。非圣智不能用间，非仁义不能使间，非微妙不能得间之实。微哉微哉，无所不用间也！间事未发而先闻者，间与所告者皆死。

凡军之所欲击，城之所欲攻，人之所欲杀，必先知其守将、左右、谒者、门者、舍人之姓名，令吾间必索知之。

必索敌间之来间我者，因而利之，导而舍之，故反间可得而使也。因是而知之，故乡间、内间可得而使也；因是而知之，故死间为诳事，可使告敌；因是而知之，故生间可使如期。五间之事，主必知之，知之必在于反间，故反间不可不厚也。

昔殷之兴也，伊挚在夏；周之兴也，吕牙在殷。故明君贤将，能以上智为间者，必成大功。此兵之要，三军之所恃而动也。

《当孙子遇上家长》读后感

《当孙子遇上家长》是汤老师根据《孙子兵法》和多年的心理辅导、家庭教育经验心得所编写的一本书。他认为用《孙子兵法》的思维精髓来指导家庭教育，会非常有力和有效，是一个非常强大的体系和指导方法。所以就着手写下了《当孙子遇上家长》。

如果孙子来做家长，他会怎么做？如果孙子来指导家长做教育，他会怎么指导？我们或许只知道孙子是个伟大的军事家，但深入了解孙子的思想的朋友就知道，孙子的军事思想是可以活用到生活的方方面面的。比如用在商业上，已经有很多成功的案例和相关的书籍。而用到教育上，汤老师开了先河。

我跟随汤老师学习了三年的心理学、家庭教育、青少年压力管理/素质教育等课程。非常有幸地，汤老师让我来担任首稿的翻译工作。翻译书籍最重要的是把作者的原意表述出来，因为有之前三年的学习经验，所以才敢于尝试翻译，过程中也是反复跟老师探讨书中的内容，看表达是否妥当、达意。后来又经过老师的弟子们的大量讨论和修订，才完成这本《当孙子遇上家长》。

书稿翻译完成后，再次读下来，感觉是非常深刻和有力的。我们之前养育孩子，基本都没什么思路或者是学习上一辈的，也不知道对错与否、合适与否，时代又在快速地发展变化，家长对此束手无措。而《孙子遇上家长》开篇就指明了养育孩子的指导方针：道、天、地、将、法。

你知道你想要培养什么样的孩子吗？你培养孩子的出发点是什么？这个出发点就是"道"。没有方向的船，什么风都是逆风。如果我们连养育孩子的出发点都没有搞清楚，那么在孩子成长过程中处处碰壁也就不足为奇了。

天就是大环境。我本人从事教育工作多年，在常年和家长、学生打交道的过程中，确实发现很多家长都不大理会孩子面临的实际情况，比如他要学习的科目的困难程度，他在学校和同学、老师的关系等等，而只是一味地要求孩子的成绩要提高。这在外人看来有一种无理取闹的感觉。家长们可以问问自己，孩子周围的环境，我们有深入地了解过吗？如果没有了解过，又怎么能设身处地地帮到孩子呢？

地是指家长和孩子的关系。很多家长说，怎么跟孩子讲道理都讲不通呢？道理没错，但我们跟孩子的关系到位吗？关系好，说什么都可以，孩子也愿意听。反之则反是。所以，无论你想跟孩子沟通什么，良好的亲子关系是一切的前提。

将就是将领。一个合格的将领身上要具备"智、信、仁、勇、严"的素质，我们是战场上合格的将领吗？在家庭里，我们会是孩子合格的榜样吗？孩子不会看我们说了什么，只会看我们做了什么。我们身上，有哪些值得孩子学习的素养？

这些才真正在潜移默化地影响着孩子。你有没有发现，孩子跟我们很像，无论是好的还是不好的方面。这就是"榜样"的力量。

  法就是方法，是属于最末端的部分。而我们很多家长都在追求用"方法"把孩子搞定，而没有去考虑前面四个因素，秉持这种舍本逐末的思路，在养育路上困难重重是必然的。有道无术，术可求。有术无道，止于术。

  书里详细地阐述了我们养育孩子过程中的困境和局限性，还指出了我们也许从没有考虑过的一些方向，还有各种困境的应对办法。家长们去看、去学习、去应用就对了！

  再读的感受太多了，无法尽书。愿汤老师的《当孙子遇上家长》可以影响更多的家庭，愿所有的家庭都能和睦，愿所有的下一代都能成为祖国、社会的栋梁之材！

罗毅胜

2023.05.06

《当孙子遇上家长》
翻译心得

感谢 Mr.Thong 的邀请。翻译这本书的过程，是一趟发现人类无限"矿藏"资源的旅程。随着翻译工作的推进，我不断感叹，要是这本书早一点问世，世界上会多许许多多快乐、健康成长的孩子与幸福的家庭。

我是一对双胞胎孩子的母亲，女儿们今年12岁。在陪伴孩子成长的过程中，我深刻地意识到家长自身成长的重要性。做好了充足的知识储备与技能训练，就能未雨绸缪，每一步都走在孩子前面，给孩子恰如其分的支持，配合孩子全面有效的发展，让孩子未来能够造福祖国、造福人类。

这本书像一座取之不尽、用之不竭的智慧宝库，更重要的是，它通俗易懂。家长如果懂得善用，必定会在养育孩子的过程中不走弯路，同时也会在事业上取得巨大的成功，以及经营好一个幸福的家庭，因为读完本书后，你会发现你触摸到的是事物底层的运行规律，深入事物的核心与本质。

亲爱的读者，如果你准备迎接新的生命，那么恭喜你的孩子，他们太会挑父母；如果你已经是一位家长，因对孩子的爱在育儿道路上一直学习，积累了无数的珍珠，那么这本书就是你串起珍珠的那根线；如果你的孩子已经长大，那么这本书可以让你帮助到身边所有在迷茫中四处寻找方法的家长；如果你是一位学生，读到这本书，希望你能反过来理解你的父母，他们并非不爱你，只是他们没有这样被爱过，无法给予你这样一份支持与配合,但是未来你的孩子会非常幸运,你会是一位很好的家长。

衷心希望所有的家长都能有幸遇见孙子。

铭芳
2023.05.07

如您对亲子关系有进一步的探讨兴趣,可以扫码获取更多的教育资源。

20·20教育小助手　　　小创业家公众号